# Herderbücherei

Band 421

Frère Roger (geb. 1915) ist Gründer und Prior der ökumenischen „Communauté" (Gemeinschaft) von Taizé. 1940 ließ er sich allein in Taizé, einem kleinen Dorf in Burgund, nieder. 1942 schlossen sich ihm die ersten Brüder an. 1949 haben sie sich zum gemeinsamen Leben gebunden und sagten für ihr ganzes Leben Ja zur Ehelosigkeit, Gütergemeinschaft und Anerkennung einer Autorität.

Heute zählt die Communauté über 70 Brüder aus allen Kirchen, unter ihnen sind auch katholische Brüder und Priester (mit dem Einverständnis des Kardinals von Paris). Taizé ist daher eine ökumenische Gemeinschaft und als solche ohne besondere konfessionelle Zugehörigkeit. Die Brüder stammen aus 15 verschiedenen Ländern.

Die Communauté von Taizé hat sich zur Aufgabe gestellt, für die sichtbare Einheit der Christen zu arbeiten, die Voraussetzung ist für den Auftrag der Christen in der Welt.

Von Anfang an engagierte sich die Communauté beim Kampf für Gerechtigkeit. Einige Brüder leben zeitweilig in kleinen Gruppen in Ländern der südlichen Kontinente und teilen das Leben und den Kampf der Menschen dort. Die Brüder treffen sich, wo sie auch sind, dreimal täglich zum gemeinsamen Gottesdienst.

Die Communauté lebt von ihrer eigenen Arbeit, legt keine Rücklagen an und nimmt auch keine Spenden. In den ersten zwanzig Jahren lebte die Communauté ziemlich einsam. Völlig unerwartet kamen mit Beginn der 60er Jahre immer mehr Jugendliche nach Taizé.

Das vorliegende Buch „Die Gewalt der Friedfertigen" entstand während der Zeit der Pariser Studentenunruhen und Arbeiterstreiks im Mai und Juni 1968, einer Zeit, in der sich viele Jugendliche fragten, ob Gewalt notwendig sei, um zu einer gerechteren Gesellschaftsordnung zu gelangen.

Die ersten internationalen Jugendtreffen Ende der 60er Jahre in Taizé ließen Frère Roger vorausahnen, „daß sich die Ungeduld der Jugendlichen bald in einem Ausbruch entladen würde, weil zu viele der Älteren mit Kälte zurückweisen, was aus dem Bewußtsein der jungen Menschen emporsteigt".

José-Luis
Gonzales-Balado

Taizé – Frère Roger

Suche nach einer Gemeinschaft

Band 667, 128 Seiten, 2. Aufl.

Dieser Bericht gibt dem Leser Gelegenheit, Taizé einmal aus nächster Nähe kennenzulernen. Der Autor schildert die Gründung durch Frère Roger, die ökumenischen Kontakte und Initiativen nach draußen, die Begegnungen von Christen und Nichtchristen im Umkreis der Communauté, das Leben kleiner Gruppen von Brüdern in Lateinamerika, Asien und Afrika, den Aufbruch des Konzils der Jugend.

## in der Herderbücherei

Rex Brico
TAIZÉ
Frère Roger und die Gemeinschaft
240 Seiten, kart. lam., 19,80 DM
ISBN 3-451-18797-3 – Verlag Herder

# Frère Roger, Prior von Taizé

## in der Herderbücherei

Frère Roger, Prior von Taizé
Worte der Versöhnung
128 Seiten, kart. lam. 10,80 DM
ISBN 3-451-17189-9 – Verlag Herder

Frère Roger, Taizé

# Die Gewalt
# der Friedfertigen

Herderbücherei

Veröffentlicht als Herder-Taschenbuch
Lizenzausgabe des
Gütersloher Verlagshauses Gerd Mohn
© Gütersloher Verlagshaus Gerd Mohn, Gütersloh 1970
Die französische Originalausgabe erschien 1968
unter dem Titel
„Violence des pacifiques" in © Les Presses de Taizé
Deutsche Übersetzung: Communauté de Taizé
Umschlagfoto: Hans Lachmann, Düsseldorf

1. Auflage April 1972
2. Auflage Juni 1972
3. Auflage März 1973
4. Auflage August 1974
5. Auflage Oktober 1975
6. Auflage November 1977
7. Auflage November 1979
8. Auflage August 1982

© Verlag Herder Freiburg im Breisgau 1975
Herder Freiburg · Basel · Wien
Herstellung: Freiburger Graphische Betriebe 1982
ISBN 3-451-01921-3

*Für*
*Johann und Maria Marchl*

# Inhalt

# Ein dritter Weg?

Jeder Mensch, mag er Christ sein oder nicht, neigt zur Gewalt. Lediglich der Gebrauch, den er davon macht, ist verschieden.

Bei den Christen trifft man auf zwei einander widersprechende Verhaltensweisen:

Die einen verdrängen die Gewalt. Sie verwandelt sich in engelhafte Sanftmut. Daraus ergibt sich pietistische Passivität, und es fehlt am Engagement für die, die Unrecht leiden. Beten allein genügt. Alles übrige könnte die Hände schmutzig machen.

Ganz im Gegensatz dazu stimmen andere Christen für zerstörerische Gewalt, sogar für Waffengewalt, wenn sie nur etwas bewirkt. Sie sehen keinen anderen Ausweg mehr, ihren Widerstand gegen die Unterdrückung der Armen durch die Mächtigen hinauszuschreien, vor allem wenn diese selbst sich versteckter Gewalt bedienen.

Gibt es einen dritten Weg zwischen Passivität und zerstörerischer Gewalt? Hat nicht Christus selbst gesagt, daß nur die Gewalttätigen sich des Reiches Gottes bemächtigen[1]? Das Evangelium speit die Lauen aus[2], nur die, die heißen Herzens sind, finden Einlaß!

Jeder muß den Weg für sich selbst entdecken. Die Gewalt um Christi willen richtet sich nach dem Alter und den Lebensumständen jedes einzelnen. Der genaue Weg läßt sich nicht im voraus festlegen.

*Wie kommt es, daß ich mit so vielen jungen Menschen im Gespräch sein kann, die die institutionelle Kirche leidenschaftlich ablehnen? Ohne bestimmte Institutionen dieser Art gäbe es doch gar kein Fortleben Christi unter den Menschen mehr.*

*Freue dich! Viele junge Menschen lieben Christus, wie wir es vielleicht noch nie erlebt haben. Es gibt lebendige Propheten. Zwischen der Last alter Strukturen und dem Nichts wird es einen anderen Weg geben\*.*

---

\* Dieser Abschnitt stammt aus dem Tagebuch von Frère Roger. An verschiedenen Stellen sind in diesem Buch Tagebuchseiten aufgenommen worden. Sie sind meist nicht datiert und stehen auch in keiner chronologischen Reihenfolge. Die Auswahl erfolgte im Hinblick auf die verschiedenen angesprochenen Themenkreise.

„Das ist doch überholt"

In der gegenwärtigen Erschütterung des Glaubens behaupten manche im Hinblick auf alles, was Kirche heißt: „Das ist doch überholt!" Sie sind überzeugt, daß die Kirchen trotz aller Reformen auf der Stelle treten.

Sogar ein Christ, der innerlich nicht betroffen ist, kommt bei der Verunsicherung so vieler Menschen nicht um diese Frage herum.

Sich in sich selbst zurückziehen und abwarten wäre Feigheit.

Und gegen diejenigen zu wettern, die aus oft entgegengesetzten Gründen an den Pfeilern des Glaubens rütteln, würde die vorhandenen Gegensätze nur vermehren.

Unsere Freundschaft findet manchmal keinen anderen Weg mehr, als einfach zuzuhören.

Zuhören und immer wieder zuhören, mit einem lebendigen Herzen, um zu begreifen. Sich nicht aufregen, nicht aus Gleichgültigkeit, sondern um auf niemanden Druck auszuüben.

*Spät in der Nacht, ich denke darüber nach, was mir heute ein paar Jugendliche gesagt haben. Ich sehe dieses oder jenes Gesicht wieder vor mir; den klaren, doch verängstigten Blick eines ganz jungen Mädchens. Ich habe noch die rauhe, ernste Stimme eines Jungen im Ohr, der sich heftig gegen die Kirche auflehnt.*

*Ich zweifle nicht daran, daß ihr Schmerz über die Inkonsequenz der institutionellen Kirchen berechtigt ist. Aber ich spüre schon die Stürme, die diese leidenschaftliche Haltung entfesseln wird.*

*Wie oft hat man schon seit zweitausend Jahren vom Ende des Christentums gesprochen! Immer wieder waren viele fest davon überzeugt: am Vorabend des Jahres Tausend, in der Renaissance, im Zeitalter der Aufklärung.*

Immer schneller wächst die Zahl der „Exchristen". Vor allem junge Menschen haben im Laufe der letzten Jahre in großer Zahl der Kirche den Rücken gekehrt. Die Isoliertheit der Christen gegenüber den säkularisierten Menschen wird Wirklichkeit.

Auf unserem Hügel von Taizé habe ich Gelegenheit, mit jungen Leuten dieser Art Gespräche zu führen. Welche Bedeutung besitzen die von ihnen gestellten Fragen für Menschen meines Alters?

Und die jungen Christen? Auch sie kann man nicht einfach verurteilen und ihre Initiativen in Mißkredit bringen, so verwirrend sie auch sein mögen.

Als ältere Menschen, vielleicht mit Erfahrungen belastet, müssen wir uns fragen, ob wir denn Monopole besitzen. Selbst wenn die Ausdrucksweise dieser jungen Menschen hart und rücksichtslos ist, selbst wenn wir uns nicht immer in ihnen wiedererkennen, sollten sie deshalb von einem Leben in Christus ausgeschlossen sein? Die Strenge der Älteren wird unerträglich, wenn wir uns klarmachen, daß die Zukunft des Volkes Gottes auf dem Spiele steht.

Es ist doch vollkommen normal, daß junge Menschen, die ihr Engagement als Christen auf die jeweilige Situation der sich rasch verändernden Gesellschaft einstellen wollen, dabei in kritische Situationen kommen und Wachstumskrisen erleben. Gibt es denn nicht auch bei älteren Menschen, bei solchen die meinen, sie seien am Ziel angelangt, altersbedingte Krisen?

*

Wir spüren bei den jungen Menschen, die zu Tausenden zu uns nach Taizé kommen und denen wir zuhören, daß ihre Vorstellungen und Vorhaben weit auseinanderklaffen, ja einander widersprechen. Unmöglich, für alle einen durchlaufenden Faden zu finden. Gerade die große Verschiedenheit charakterisiert sie. Die Jugend ist vielgestaltig. Notfalls könnte man zwei Hauptströmungen bei ihnen entdecken: Indifferenz und Gewalt.

Die Indifferenten. Sie sind Gefangene irgendwelcher unmittelbarer Bedürfnisse. Andere Menschen kümmern sie nicht. Der Aufbau der menschlichen

Gesellschaft bedeutet ihnen wenig. Wenn sie das Büro oder die Fabrik verlassen haben, interessieren sie sich höchstens noch für Sportberichte, mit denen sie von Zeitungen und Fernsehen überschwemmt werden. Und die, die besser dran sind, richten sich in ihrer Freizeitgestaltung nach dem Standard der sogenannten besseren Familien. Das Gemeinwohl ihrer Stadt oder die Politik läßt sie kalt, es sei denn, sie machen daraus noch ein zusätzliches Spiel.

Die Gewalttätigen bilden den anderen Strom. Sie sind von dem Willen besessen, den Sinn des Lebens zu erfassen. Dabei sind einige von ihnen mit einer Aufrichtigkeit auf der Suche, die man bisweilen bei Älteren vermißt. Andere – Christen oder Nichtchristen – haben ein konkretes Ziel vor Augen. Manche setzen sogar ihr Leben aufs Spiel und wenden sich spontan den Ärmsten zu. Die jungen Menschen der südlichen Hemisphäre haben aus unmittelbarer Nähe oder aus der Ferne das Bild unserer reichen Industriegesellschaften vor Augen. Das bedrängt sie. Freiheitsdurst entsteht, der selbst Gewalt in Kauf nimmt.

Gewalt oder Revolte sind häufig Ausdruck des glühenden Verlangens, mit möglichst vielen in Kontakt zu sein. Und so ist es auch unbestreitbares Ziel vieler junger Christen, Verbindung zu den Menschen unserer Zeit zu finden. Sie wollen Christus mit und für jeden Menschen leben. Sie möchten, daß alle zur Freundschaft mit Gott finden.

Und wir Älteren – sind wir mit diesen so wesentlichen Anliegen nicht einverstanden? Warum sollten wir noch durch Argumente einen zusätzlichen Bruch hervorrufen? Wenn wir junge Christen verurteilen, die mitten im Suchen begriffen sind, führen wir einen Anschlag auf ihre religiöse Freiheit aus. Dadurch entstehen mitten unter den Christen ständig neue Formen von Unversöhnlichkeit und Linientreue, die ihren Platz gleich neben der Intoleranz haben.

## TAGEBUCH

*In dem kleinen Seitenraum unserer Kirche, wo ich mich vor dem Gottesdienst oft einige Augenblicke lang mit denen treffe, die nach Taizé gekommen sind, habe ich mich heute abend mit einigen jungen Leuten unterhalten, die nur eine leidenschaftliche Ablehnung der Institutionen der Kirche zum Ausdruck brachten. Sie fordern, daß endlich etwas geschieht, und gehen mit der Kirche, in der sie nur Tod und Verfall sehen, streng ins Gericht. Wenn sie das Antlitz Gottes bei den Christen nicht mehr erkennen, glauben sie nicht mehr an die Kirche.*

*Manche Christen haben den Glaubensinhalt übermäßig relativiert, um eine Begegnung mit Nichtchristen leichter zu machen. Andere halten die Gemeinschaft mit Gott für eine Abstraktion.*

*Angesichts einer solchen Erschütterung strömen während des ganzen Gottesdienstes, im Frieden des Gebetes, in meinem Innern die Tränen. Und im Traume habe ich mich selbst dabei überrascht, den Tod herbeizusehnen, während ich mich tagsüber am Geschenk des Lebens voll Verwunderung freue.*

Verunsicherte finden wieder Halt, wenn sich eine Überzeugung festigt. Durch die Erschütterung des Glaubens ist bei vielen jungen Christen etwas gereift, was bis dahin nur Konformismus mit überkommenem, christlichem Gedankengut war. Nicht alle resignieren, neues Leben beginnt. Ihr Angriff richtet sich zunächst gegen vertrocknete institutionelle Formen und gegen alles, was nicht konkrete Verwirklichung ist. Wenn ihre Unnachgiebigkeit bisweilen in Fanatismus umschlägt, so ist in Rechnung zu stellen, daß wir uns in der Zeit der Geburtswehen befinden.

Sind wir uns darüber im klaren? Die Freundschaft zu Christus wird ja von der jungen Generation gar nicht angefochten. Sie bleibt sinnvoll. Es ist noch gar nicht lange her, da waren sie für freidenkerische Argumente zugänglich, die Christus aus dem Denken verbannen wollten.

Viele junge Christen halten es hinter einer Maske nicht mehr aus. Sie möchten sich keine unnatürlichen Standpunkte mit übertriebenen Argumenten zurechtlegen müssen, nur um Reaktionen auf der Gegenseite zu provozieren. Alles Gekünstelte wollen sie verbannen: alles was dem Leben den Durchgang versperrt und jede echte Kommunikation verhindert.

Wer die Ereignisse der Zeitgeschichte durch eine pessimistische Brille betrachtet, wird immer voreingenommen sein. Ein analytischer Ansatz verleiht Autorität. Wer nur analysiert und unumstößliche Urteile über die junge Generation fällt, bekennt sich letzten Endes zu einem Standpunkt ohne Hoffnung.

*(Juni 1968). In Paris demonstrieren die Studenten. Ich erhalte einen Brief, aus dem folgende Zeilen stammen:*

*„Können Sie für uns beten? Wir fühlen uns schrecklich allein und wissen nicht, was wir tun sollen. Wir haben uns aus Solidarität prügeln lassen, nun kommen wir wieder zu uns und sehen, daß wir auf alle hereingefallen sind, auf uns selbst wie auf die anderen. Wir verstehen überhaupt nichts mehr. Wir sind von den Geschehnissen noch viel zu benommen, als daß wir schon zu einer wirklichen Analyse der Tatsachen fähig wären.*

*Reden erscheint mir unnütz. Beten: es gibt Augenblicke, in denen man das nicht mehr kann."*

*Während der Demonstrationen an den Universitäten kommen Studenten nach Taizé, um die Ereignisse zu durchdenken. Verschiedene Tendenzen zeichnen sich ab. Die große Mehrheit denkt mit der Ernsthaftigkeit nach, die für die junge Generation typisch ist. Viele sind abgemagert. Ein inneres Feuer verzehrt sie.*

*Dreimal nacheinander Treffen mit einem Studenten von der Sorbonne, der bei allen Mai-Ereignissen in Paris dabei war. Anfangs war er nur mitgegangen, um zuzuschauen, sonst nichts.*

*Ich kenne ihn seit seiner Kindheit. Innerhalb eines Monats ist er zu einer ungeahnten Reife gelangt.*

*Er ist von einer seltenen intellektuellen Redlichkeit. Gleich bei seiner Ankunft in Taizé sagte er: „Im* letzten Monat wußte ich nie, wann ich unecht war und wann echt. Ich habe gesucht. Als wir niedergeknüppelt wurden, vor allem aber als wir sahen, wie andere brutal behandelt wurden, darunter auch Mädchen, wurde unsere Solidarität Selbstverständlichkeit, ohne daß wir uns überhaupt Gedanken machten."

Von dem zweiten Gespräch sind mir folgende Worte im Gedächtnis geblieben: „Die größte Schwierigkeit besteht darin, zu begreifen, wodurch der andere bestimmt wird, sich als Menschen zu verstehen und über die Grenzen der eigenen Reflexion hinauszugehen."

Woher stammt seine innere Gelassenheit nach allem, was er erlebt hat? Junge Menschen dieser Art konfrontieren uns mit einem Anspruch. Bisher hat man die Jungen zu sehr beiseite geschoben. Entweder bauen wir alle zusammen eine neue Gesellschaft, oder es entsteht eine Kluft zwischen zwei Parallelgesellschaften, und uns Älteren bleibt nichts anderes übrig, als auf unseren Tod in der Isoliertheit, der Langeweile und dem Überfluß der Konsumgesellschaft zu warten.

Wer die Würde des Menschen und lebendig hervorbrechender Kräfte innerhalb einer Gruppe oder der Öffentlichkeit beschneidet, setzt die Gesellschaft und die Gruppe dem Aufruhr mit allen Folgen aus.

Ein Beben, das bis auf den Grund reicht, erschüttert die Universitäten aller Länder oder wird sie noch erschüttern. Angefangen hat es schon vor etlicher

Zeit an den lateinamerikanischen Universitäten. Die Zunahme des Anteils der Jugendlichen an der Gesamtbevölkerung ließ die kommende Wachstumskrise schon erahnen. Jetzt ist die Krise da, sie wird uns weiterbringen.

Bei den Studenten etwas immer Gleichbleibendes: Ablehnung einer Gesellschaft, die zur Selbstentfremdung führt, Weigerung, sich während der Studienzeit in einer abgeschlossenen Gruppe halten zu lassen, und als Folge daraus der entschlossene Wille, in allen Entscheidungsgremien vertreten zu sein. In ihren Augen hat sich unsere Gesellschaft im Räderwerk der Technokratie, des Kapitals und kleinlicher Interessenpolitik verfangen und stumpft durch den ständigen Überfluß automatisch ab.

Das latente Bemühen um eine neue Gesellschaftsform, die an die Stelle der Konsumgesellschaft treten soll, konkretisiert sich.

Für die Christen ist der Weg zu einem neuen Zeitalter schon vorgezeichnet, nicht hinter den Ereignissen herhinken, sondern an den entscheidenden Wegkreuzungen bereitstehen.

## Im Spannungsfeld aushalten

In der gegenwärtigen Krise liegt einer der Streitpunkte, bei denen sich Christen gegenübertreten, zwischen den beiden Polen des Minimalismus und Maximalismus.

Wenn diese beiden Einstellungen – mißlicherweise auch „Progressismus" und „Integrismus" genannt – einander auch zu widersprechen scheinen, so erwachsen sie doch oft aus dem gleichen Mutterboden. Es kommt vor, daß ein Christ, der sich lange Zeit in der konservativen Haltung sicher gefühlt hatte, unter der Wucht eines Erlebnisses auf einmal zu einem Standpunkt kommt, der seinem bisherigen genau zuwiderläuft. Er wechselt in das Lager derer über, die alles in Frage stellen: nichts hält mehr stand, nichts hält ihn auf. Wie viele Menschen ersetzen verkalkte geistige Strukturen durch trefflich angeordnete Beweisführungen und verbergen damit sich und anderen eine Wirklichkeit ihrer eigenen Tiefe!

Zwischen diesen beiden Extremen steht die große Zahl derer, die im Geist der Armut auf der Suche sind, wie sich ihre Haltung tiefgehend wandeln könnte. Ein Ringen um Einsicht, um auf die Menschen zugehen und ihnen wirklich begegnen zu können.

Sie sind es, die einen Weg eröffnen. Sie sind es auch, die sich darüber klar sind, daß in den kommenden Jahren die Christen nur soweit Fortschritte machen werden, als sie sich dazu bereit finden, den Bauplatz gründlich aufzuräumen: sich bei den ersten Fundamenten verankern und alles zweitrangige beiseite lassen.

Und sogleich werden sie in die Zange genommen: wollen sie doch versuchen, die Gegenwart mit der Zukunft zu versöhnen. Das setzt voraus, daß sie alle Strömungen hellwach beobachten, ohne sich von der einen oder anderen einfach mitreißen zu lassen.

Muß nicht der Geist der Barmherzigkeit der Anfang der inneren Wandlung sein, selbst gegenüber denen, die ganz andere Ausgangspunkte haben? Begreifen, daß jeder Mensch durch das bestimmt bleibt, was ihn zuerst geprägt hat. Die Begrenztheit des anderen voll bejahen.


TAGEBUCH

*Ein junger Bruder wies mich darauf hin, wie sehr wir in Taizé uns einem ganzen Bündel von Gegebenheiten aufmerksam zuwenden müssen. Wie recht er hat!*

*Unsere Lage versetzt uns jeden Augenblick mitten in ernste Spannungen. Wenn wir zur Gemeinschaft im Leibe Christi beitragen wollen, müssen wir auf die mitgebrachten Erwartungen achten, deren Vielfalt mit der Nationalität und den frühesten Prägun-*

*gen des Menschen zusammenhängt. Die uns damit
auferlegte Verpflichtung bewahrt uns hoffentlich da-
vor, parteiisch zu werden.*

Unsere Kühnheit gewinnt ihre Durchschlagskraft,
wenn sie ans Werk geht, ohne irgend jemand anzu-
greifen. Hätte Pascal nur seine „Briefe an einen Provinzial" hinterlassen, so wäre er oberflächlich geblieben und längst vergessen. Denkt man an alle die
Pamphlete, die wohl noch geschrieben werden, so
tröstet einen das!

Wenn wir Polemik anwenden würden, um die
großen Themen des Glaubens in heutiger Sprache
auszudrücken, so würde unsere Menschlichkeit einer
kalten, ganz rationalen Rechtgläubigkeit Platz machen. Es wäre zum Davonlaufen.

TAGEBUCH

*Bei einem kleinen Bruderrat, zu dem wir uns an be-
stimmten Abenden versammeln, habe ich heute über
folgenden Text gesprochen: Um der Sache Christi
willen bis zur Hingabe des Lebens gehen. Und ich
habe zu meinen Brüdern gesagt: Bei unserem täglichen Bruderrat spreche ich nicht von den Schwierigkeiten, denen wir ausgesetzt sind, auch nicht von dieser oder jener unbegründeten Behauptung über uns,
der wir nicht entgegentreten dürfen, um jede Polemik
zu vermeiden. Ich sage nichts von dem, was Schmerzen bereitet. Weshalb schweige ich darüber? Weshalb
spreche ich statt dessen nur von dem, was anspornt?*

*Aus Furcht, ich könnte dem einen oder anderen Bru-*
*der ein Hindernis in den Weg legen. Und doch –*
*wie oft habe ich mir allein heute vormittag das Wort*
*ins Gedächtnis gerufen: Wenn das Weizenkorn nicht*
*stirbt ...*

*

Angesichts der Spannungen, die das Leben von Christen kennzeichnen, verschanzen sich einige hinter ihrer konservativen Haltung, um sich Privilegien und Sicherheiten zu erhalten. Andere dagegen glauben, daß bestimmte Ausdrucksformen, nur weil sie neu sind, in sich schon eine Befreiung bedeuten. Doch gehören diese Ausdrucksformen nicht ebenfalls zu einem System? Aber entsteht dabei nicht ein sprachlicher Konformismus, der seinerseits auch der Entmythisierung bedarf?

Es gibt nichts Schlimmeres als doktrinär vorgetragene Theorien! Wie bequem ist es, sich in ein System zu flüchten! Wer fest in einem System verfangen ist, besitzt ein untrügliches Merkmal: Er will auch die anderen darin einfangen. Noch meint er, am strömenden Leben teilzuhaben, doch beginnt schon alles zu erstarren.

Wer zu allem sagt: „Das ist überholt", läuft Gefahr, sich im eigenen Spiel zu verfangen. Er glaubt, einen völligen Neuanfang zu bewirken; in Wirklichkeit verwirrt er nur. Natürlich ist bei allem, was man beginnt, das eine oder andere sofort überholt. Doch dieses Schlagwort kann eine Überzeugungskraft bekommen, die ausreicht, das Leben zum Stocken zu bringen.

Das ist überholt! Hier liegt vielleicht schon ein neues Klischee und eine möglicherweise schon stereotyp gewordene Redewendung. Sprachlichen Konformismus hat es zu jeder Zeit wirklich genug gegeben. Jetzt kommt es darauf an, daß wir solche Erstarrungen vermeiden.

Wie zermürbend wäre es, wenn Christsein hieße, alles ständig in Frage zu stellen, wie manche ernsthaft befürworten! Vorankommen heißt nicht, immer neu vom Nullpunkt ausgehen. Ein solches Verfahren ist in der Praxis ohnehin nicht durchführbar.

In unserem Geist, in unserem Körper gibt es ein neues und ein uraltes Erbe, und wir sind durch die früheste Erziehung in unseren Verhaltensweisen geprägt. Mit einem ganzen Bestand von positiven und negativen Voraussetzungen gehen wir ans Leben heran. Dazu gehört auch der unerschöpfliche Schatz, der sich in zwanzig Jahrhunderten durch Beharrlichkeit im Glauben gebildet hat. Er hat sein Gewicht, und wir müssen immer von ihm ausgehen, wenn wir Sprache und Kommunikation aktuell gestalten wollen.

## TAGEBUCH

*Empfang Papst Pauls VI. auf dem Generalkapitel des Franziskanerordens.*

*Nachdem der Papst eine Grußbotschaft verlesen hat, wendet er sich spontan an alle und sagt: „Euer Weg, der vom launenhaften Geschmack der neuen Generation keineswegs übergangen wird, ist der Weg des Antikonformismus." Daß ein Papst katholische Christen aufruft, Nonkonformisten zu sein, müßte viele evangelische Kreise mit Freude erfüllen: Sie haben gekämpft, um an dieser Haltung festhalten zu können. Doch wenn einmal der Nonkonformismus zum System erhoben wird, dann haben wir das schlimmste Mißverständnis vorliegen.*

*Der Nonkonformismus muß sich ständig selbst überprüfen. Allzu schnell begnügt sich der Mensch damit, einen Standpunkt nur mit Worten zu bekennen, um es sich dann zu ersparen, diesen Standpunkt auch in die Praxis umzusetzen.*

\*

Wie oft wird das eine Klischee nur durch ein anderes ersetzt! Eine Welle folgt der anderen, die Phasen werden immer kürzer, wie alles heutzutage. In unserer Zeit überrollt eine Welle sofort die andere. Welches wird die Selbstaussage des Menschen im Jahr 2000 sein?

Schon jetzt ist die These vom säkularisierten Menschen umstritten. Ein Atomphysiker erklärte mir, daß er unter den Menschen, mit denen er beruflich zu tun hat, nur zwei echte Atheisten gefunden habe. Einige wenige würden sich als Christen bekennen, aber alle seien auf der Suche.

In der Tat, zwischen säkularisiertem Leben und Gebet besteht kein Widerspruch. Im Gegenteil, zwischen ihnen besteht ein Zusammenhang.

Säkularisierung kann mithelfen, den Sinn für das Vorläufige wieder zu entdecken. Sie kann eine positive Wirkung haben, wenn es gilt, gebundene Kräfte freizusetzen. Es gibt religiöse Gewohnheiten, gewisse Ausdrucksformen des Betens, einen Stil kirchlicher Institutionen, welche die Person sich selbst entfremden und sie von einer Gemeinschaft mit Gott und den Menschen abhalten.

Von hier aus bis zu einem vorbehaltlosen Einschwenken in die Säkularisation ist ein deutlicher Abstand. Wir wären bei einem naiven Optimismus gelandet.

Zunächst zeigt es sich, daß jede radikale Entsakralisierung eine profane Resakralisierung hervorruft. Der Mensch erträgt die Leere nicht. Er füllt sie aus, indem er das abgeschlaffte Sakrale wiedererstehen läßt. Er schafft sich Zeremonien, feierliche Einweihungsfeiern, Orden, Fahnen...

Von da aus kann man leicht bei einem Säkularismus ankommen, der nun seinerseits ein neues System darstellt. Er möchte die Idole austreiben, nur gelingt es ihm nicht; statt dessen schafft er im Menschen eine Leere, entfremdet ihn seiner Freiheit und nimmt ihm die Sehnsucht nach Gemeinschaft. Manche rufen dann nach einem religionslosen Christentum. Das Gebet ist für sie nur ein Monolog. Entgegen der alten Ansicht, nach der Gott sich nur in der vertikalen Beziehung suchen läßt, behaupten sie, ihn nur im Menschen, nur in der horizontalen Dimension zu finden. Sie verlegen Gott in die Tiefe des Menschseins, in die zwischenmenschlichen Beziehungen und sonst nirgendwohin. Dann genügt es, in die eigene Tiefe hinabzusteigen, um ihn zu entdecken.

Aber ist Gott hier nicht aufs neue in großartiger Weise eingesperrt in unsere Sprache? Diese neuen Formulierungen verschieben nur die Begriffe! Früher wurde Gott allein in der Höhe wahrgenommen, heute würde er demnach nur in den tiefsten Gründen der Person zu finden sein.

Zum Glück überschreitet Gott unsere Kategorien. Christus ist in die Tiefen der Welt herabgestiegen[3], um allen, die vor ihm auf der Erde weilten, die Möglichkeit zu geben, ihn zu erkennen[4]. Zugleich ist er in jedes menschliche Wesen hinabgestiegen. Doch ist er auch hinaufgestiegen. Er befindet sich in allen Dimensionen: in der Höhe, in der Tiefe und in der Breite[5]. Wenn wir nur genügend darauf achten, entdecken wir ihn an allen unseren Wegkreuzungen.

## TAGEBUCH

*Unsererseits entdecken wir in diesen Jahren, daß sich bei den Jugendlichen die zur Methode erhobene Entsakralisierung durch die Teilnahme am gemeinsamen Gebet von selbst auflöst.*

*Weshalb kommen sie, um mit uns zu beten? Die Tatsache, daß es immer Brüder unserer Gemeinschaft gibt, die schwere Aufgaben unter Arbeitern übernehmen, findet bei vielen ein starkes Echo. Auch die Jugendlichen müssen ihrerseits ihren Weg gehen, ebenfalls in unmöglichen Situationen, und das in einer Umwelt, die ihnen mit Gleichgültigkeit begegnet.*

## Wozu noch beten?

Die Überflußgesellschaften versetzen uns in Überdruß und Langeweile. Man muß nicht mehr für das Überleben kämpfen; Schlaffheit befällt den Menschen. Alles ist im voraus gesichert. Man richtet sich ein in der Mittelmäßigkeit.

Deshalb erhebt sich von überall her die gleiche Frage, die wir auch aus dem Munde vieler Christen hören: „Wozu noch?"

Häufig wird mir die Frage gestellt: „Wozu denn noch beten, wenn man um das Übermaß an Leiden weiß, um die Krankheit, den Krieg und – was noch in unser aller Gedächtnis ist – das Entsetzen in den Augen von Millionen von Kindern, Frauen und Männern, die in die Verbrennungsöfen gestoßen wurden?"

TAGEBUCH

*Da schreibt ein junger Bruder, gerade erst in einem Elendsviertel von Recife angekommen, in Nordostbrasilien, wo keiner weiß, was ihm der Morgen bringt: „Bei allem, was ich hier zu sehen bekomme, muß ich ständig um mein inneres Gleichgewicht kämpfen, das ich nötig habe, wenn ich mit meinen*

*Reaktionen auf die schreiende Ungerechtigkeit fertig werden soll. Unwillkürlich kommen mir Fragen wie: Wenn es einen Gott gibt – weshalb das Böse? Wenn Gott gut ist – weshalb das Leid? Wenn Gott gut und allmächtig ist – weshalb die Erniedrigungen und der Haß? Dafür gibt es keine abschließende Erklärung. Wir müssen nach einer lebendigen Antwort suchen."*

*Ein anderer junger Bruder, der von einer unserer Fraternitäten zurückkam, erzählte mir von der scheinbaren Nutzlosigkeit ihres Eintauchens in das Herz von Chicago, in ein Getto mit lauter Farbigen. Was können einige wenige Christen, die nichts in der Hand haben, ausrichten in diesen riesigen, modernen, durchorganisierten Gebilden, die fieberhaft darauf aus sind, daß sich alles rentiert? Und Brüder, die aus Afrika zurückkommen, sagen genau dasselbe.*

Mein Leben ist nutzlos! Ein Schrei, der aus der Tiefe vieler aufbricht.

Sie denken nach über den Sinn ihres Lebens. Was hat es anderen Menschen eingebracht? Da gibt es Eltern, die am Abend ihres Lebens erkennen müssen, daß sie gescheitert sind. Sie haben ihre Kinder geliebt, eine Zelle, ein Hort echten Familienglücks war entstanden. Und dann geschah es: Ein Kind, das sie zu sehr verhätschelt hatten, lehnt sich auf, und die Katastrophe wird in ihrem ganzen Ausmaß sichtbar.

Einer, der sich uneigennützig für einen anderen eingesetzt hat, kann auf einmal den Eindruck haben, er habe nie genug getan. Sein Bedürfnis, Opfer zu bringen, ist so stark geworden, daß es ihn beherrscht.

Wer glaubt tatsächlich daran, daß sein Leben einen Nutzen gehabt hat, und wer könnte behaupten, voll und ganz nützlich zu sein? Mag unser Leben auch noch so erfüllt sein, stets bleiben wir unnütze Knechte[6], doch zugleich auch Mitarbeiter Gottes[7]. In dieser Dialektik des Evangeliums liegt kein Widerspruch. Die unter Tränen über ihre eigene Nutzlosigkeit säen, werden mit Freuden ernten. Es kommt der Tag der Blüte und der innigen Freude. Die Blüte vergeht, es folgt die Zeit des Wartens, die Zeit der Frucht. Das ganze Leben reicht kaum dafür aus.

Wer sich verschenkt, lebt letzte Treue, auch wenn der Mensch der Überflußgesellschaft kaum Verständnis dafür aufbringt. Hier will jeder Erfolge, doch kaum sind sie errungen, verschwindet die Befriedigung darüber, sie weicht dem Streben nach neuen Erfolgen.


TAGEBUCH

*Das Gefühl der Nutzlosigkeit kann jedem begegnen. Kürzlich lernte ich einen Mann kennen, der behauptete, er habe noch nie in seinem Leben ein Erfolgserlebnis gehabt. Ich las in seinem Wesen den Ausdruck schmerzlicher Resignation. Kaum hatte er die Tür hinter sich geschlossen, schrieb ich ihm in Eile die Worte, die ich nicht hatte sagen können. „Können geradlinige Menschen im Wirtschaftskampf Erfolg haben? Sie sind nun ein Mann von grenzenloser Redlichkeit. Ihr Erfolg liegt in dem unbegrenzten*

*Vertrauen, das Ihnen von den Menschen geschenkt wird, die Ihr eigentliches Anliegen verstanden haben. Ich bleibe Ihnen nahe mit einem armen Gebet.*"

*

Was uns betrifft, so möchte ich, um die üblichen Erwartungen zu stören, an manchen Tagen gern ein Schild an der Tür unserer Kirche sehen: „Was die Form betrifft, so sind wir für unser gemeinsames Beten in einem nie abgeschlossenen Suchen."

Doch wenn ich daraufhin vom Gebet selbst sagen würde „Das ist überholt", dann wäre es besser gewesen, die Kirchentür geschlossen zu lassen. Das Gebet wird niemals überholt sein. Es gehört zu einer Ebene der Kommunikation, über die wir gar nicht verfügen.

Junge Menschen beten heutzutage mehr denn je. Das geht soweit, daß sie damit Menschen reiferen Alters verärgern, die ihre eigene Unfähigkeit auf die Jugendlichen projizieren.

TAGEBUCH

*Ein Ordensmann fragte mich, warum sich in Taizé so viele junge Menschen so stark am Gebet beteiligen. Ich erzählte ihm, daß wir in den letzten Tagen zweimal hintereinander etwas Überraschendes erlebt haben. Eine Gruppe junger Leute nimmt zum erstenmal am Gottesdienst teil und reist dann ab. Am nächsten Morgen kommen sie wieder zurück, um die Tage, die sie für den Aufenthalt am Meer vorgesehen hatten, hier zu verbringen.*

35

*Das gleiche Erlebnis hatten wir eine Woche später mit einer anderen Gruppe, die mit der ersten in keinerlei Verbindung stand. Kaum war die Gruppe ein paar Stunden fort, kam sie wieder zurück und blieb einige Tage. Ich habe sie nach dem Grund gefragt. Ihre Antwort: sie seien auf der Suche nach Gott. Für sie war das Wesentlichste hier das gemeinsame Beten. Weshalb? Weil es jeden Tag neu geschieht durch Menschen, bei denen sie ein Engagement ahnen.*

*Ist andererseits das gemeinsame Gebet nicht auch der Ort, wo ein anderer Zeitbegriff gilt und die Zeit ein Gewicht von Ewigkeit erhält? Durch das Gebet werden alle gemeinsam vorübergehend aus der Zeit herausgerissen. Das zählt für den modernen Menschen, der den Ansprüchen einer Zivilisation unterliegt, die danach fragt, was dabei herauskommt und wie es technisch zu bewerkstelligen ist.*

*Wenn wir mit so vielen jungen Menschen beten, vergessen wir deshalb die Älteren? Sicher nicht. Wer alten Leuten zuhören konnte, ist oft reich belohnt worden.*

*Und wenn manchmal Kinder zum Gebet bei uns sind, so wird damit noch ein weiteres Zeichen gegeben. Gemeinsam sind alle Generationen Träger des lebendigen Wortes.*

*Hier wie sonst gilt das Gesetz der Gegenseitigkeit. Wenn eine Gemeinschaft, wie die unsere, Tag um Tag bei ihrer Sache bleibt, verdankt sie das der Treue vieler Frauen, Männer und Kinder. Sie sind da, sie sind dabei, und sie tragen uns.*

Wo immer wir stehen mögen, wir sind nicht privilegiert. Jeden Tag müssen wir das Gespräch mit Gott neu aufnehmen und von neuem lernen, wie wir beten sollen.

An manchen Tagen ist alles in wenigen Worten gesagt. Ein andermal geht alles mühsam, und wir laufen Gefahr, nach Klischees zu greifen. Das ganze Leben lang bereit sein, immer neu zu lernen, wie man betet. Was für Entdeckungen liegen noch vor uns! Und wie erfrischend ist es, immer suchen zu müssen.

Mit dem Alter erwirbt der Mensch eine Art Gewißheit. Sie verankert sich in ihm, auch wenn sie nicht seine ganze Persönlichkeit durchdringt. Mit den Jahren bekommt die Gewißheit das Übergewicht. Das „Ich glaube" wird mächtig. Aber niemals erwerben wir das Privileg, nicht mehr gleichzeitig hinzufügen zu müssen: „Hilf meinem Unglauben"[8].

## TAGEBUCH

*Gespräch mit Mönchen. Ich versuche, ihnen unsere Solidarität mit ihnen klar zu machen. Sollten sie sich in unserem gemeinsamen Gebet nicht wiederfinden? Tatsächlich haben wir gar nichts Neues erfunden. Wir haben das Gebet aller Jahrhunderte einfach neu gestaltet.*

*Im übrigen nimmt jeder das in sich auf, was er aufnehmen kann. Unser gemeinsamer Gottesdienst ist wie ein Mosaik, schön für die einen, formlos für die anderen. Was für den einen ohne Bedeutung ist, findet im anderen ein Echo. Der eine hat die Psalmen* gern oder das lange Schweigen nach den Schriftlesungen oder die Bittgebete. Manche warten vor allem auf die Orgelmusik am Ende des Gottesdienstes.

Jedem sein Stückchen! Es ist eine Utopie, anzunehmen, alles könnte mit gleicher Intensität erfaßt werden, und sei es auch nur von einem einzigen.

\*

Wer dürfte angesichts der einfachen Anwesenheit von Christen auf der ganzen Erde die Frage stellen: „Wozu ist das gut?" Der Mensch hat zwar immer die Freiheit, sich für Gott zu entscheiden oder seinen Nächsten zu mißachten. Aber, durch das bloße Dasein der Christen können bestimmte Gesetzmäßigkeiten der Brutalität und des Hasses umgekrempelt werden. Christen stellen die Verbindung mit Gott wieder her. Ihr Wagemut besteht darin, daß sie durch ein ständig fortgehendes Beten zu einer Quelle vordringen, die alles frisch macht.

TAGEBUCH

Ich denke an die Begegnung mit Christus, am letzten Tag, diese nicht gefürchtete Begegnung, und fange an zu schreiben: Was werde ich gefragt werden, wenn ich ihm zum erstenmal von Angesicht zu Angesicht begegne, wovon ich nicht viel weiß, nur so viel, daß es andere Begegnungen eröffnen wird, für eine Zeit, die keine Grenze kennt?

Vielleicht stimmt es, was manche sagen: Jedes genauere Bild von den letzten Dingen sei verfrüht. Und doch habe ich versucht, mir eine Antwort zu geben, und habe mir das Gespräch in Gedanken ausgemalt. Werde ich dann nicht sagen hören:

„...und was deine Gemeinschaft betrifft, so habe ich in ihr etwas geliebt, woran viele sicher gar nicht gedacht haben. Sie haben Taizé geschätzt, weil man dort offen war für alle und weil man dort mit vielen Menschen ins Gespräch kam. Mehr noch als diesen Austausch habe ich dagegen die kontemplative Erwartung als höchsten Wert angesehen.

Ihr habt gelitten. Ihr habt auch dem Ruf des Evangeliums zum Zölibat folgen wollen. Ihr wolltet unter den Menschen und für die Menschen Zeichen des Zeitlosen sein – Zeichen, die jeden Tag neu zu finden und mit Leben zu erfüllen sind.

Diese Erwartung war nicht gebunden an die Gaben der Intelligenz. Sie stand jedem als Möglichkeit offen, selbst dem, der sich für den Unbegabtesten hielt. In Wirklichkeit war diese Erwartung das Wichtigste.

Ja, das Wesentlichste war der verborgene Kampf, der in täglicher Neuschöpfung erfahren wurde."

Viele fürchten sich vor einem Engagement auf Lebenszeit. Sie möchten zwar die Herausforderung des Augenblicks annehmen, doch ohne Treue, die sich ein Leben lang bewährt. Sie möchten im Heute leben, ohne Kontinuität. Ein einziges Provisorium!

Dies gilt insbesondere für den Ruf des Evangeliums zu einem Leben im Zölibat.

## TAGEBUCH

*Ein evangelischer Pfarrer fragt mich, worunter wir am meisten gelitten haben. Am härtesten traf uns die Intoleranz, vor allem von Leuten unserer eigenen Kirchen.*

*Weshalb weigerten sie sich von Anfang an, das Ja, das wir als Antwort auf einen Ruf für unser ganzes Leben ausgesprochen hatten, als Berufung gelten zu lassen? Wir wollten wieder im Zölibat leben, nachdem in den Reformationskirchen 400 Jahre lang darüber geschwiegen worden war. Doch wie oft bekamen wir zu hören: Ihr könnt doch die Freiheit des Heiligen Geistes nicht durch ein Engagement auf Lebenszeit aufheben!*

*In der ersten Zeit haben wir Jahr für Jahr dieses Ja zum Zölibat erneuert. Dann begriffen wir, daß der Heilige Geist stark genug ist, Menschen für das ganze Leben zu binden, die um Christi willen in dem Zustand bleiben möchten, in dem sie sich befanden, als sie der Ruf erreichte[9].*

*Damals ahnten wir noch nicht, welche Bedeutung diese Gabe hat. Erst viel später entdeckten wir gerade in ihr einen Weg, uns für alle Menschen zu öffnen.*

*Hier möchte ich ein für mich wichtiges Erlebnis einschieben. Kurz bevor ich zum erstenmal zum Abendmahl ging, hatte ich versucht, meinen Vater, der Pfarrer war, zu veranlassen, den Zeitpunkt hinauszuschieben. Doch er konnte sich nicht dem Vorwurf aussetzen, daß sein eigener Sohn sich einer Verpflichtung entziehe, die kein anderer ablehnte. Zu Ostern gingen alle 16jährigen Mädchen und Jungen ohne Ausnahme zum ersten Mal zum Abendmahl.*

*Ich mußte mich schließlich seiner Auffassung anschließen. Es war mir klar, daß er seine Verantwortung wahrnahm; und ich wollte nicht auf meiner Meinung beharren, so schwer es mir auch fiel.*

*Bei meiner ersten Abendmahlsfeier gab mir mein Vater folgendes Bibelwort mit: „Sei getreu bis in den Tod, und ich will dir die Krone des Lebens geben."[10]*

*Erst viel später habe ich darüber nachgedacht. So ist vielleicht dieses lebendige Wort nicht leer zu Gott zurückgekehrt[11].*

Kann derjenige, der durch sein Engagement im Zölibat zum Zeichen des Widerspruchs geworden ist, sich entschließen, nicht mehr ein lebendiges Wort zu sein? Bleibt er nicht gefordert, einer Erwartung und einer Begegnung von innen her neues Leben zu geben?

Dahin kann er nur gelangen, wenn er Christus für die Menschen lebt. Sonst wird die Keuschheit zu einer Last, wie es einem Menschen geht, der aus festliegenden gesellschaftlichen Bedingungen nicht mehr herauskommt.

Wenn die Kräfte der Kontemplation nach und nach verschwinden, erschöpft sich auch die Keuschheit; jeder endgültige und unumkehrbare Entzug führt unweigerlich zu Passivität und Revolte.


TAGEBUCH

*Bei mir zu Tisch ein langjähriger Freund, er ist evangelisch, ein Laie, und offen wie selten einer. Er berichtet mir, eine seiner Schülerinnen werde einen Ordensmann heiraten, der seinen Orden nach zwölf Jahren gemeinsamen Lebens verlassen habe.*

*Dann geht das Gespräch auf ein anderes Thema über. Doch ich bin vor Schmerz wie gelähmt. Wir müssen verschieden empfinden; er als einer, der für seine pädagogische Aufgabe verantwortlich ist, ich als Bruder meiner Brüder.*

*Ich würde alles daransetzen, um Menschen zu helfen, daß sie über ihre ursprüngliche Entscheidung nachdenken und den Weg finden, wie sie einem einmal eingegangenen Engagement bis zum Tode treu bleiben können.*

*Während des Zweiten Vatikanischen Konzils wurde mir massiv deutlich, daß die Einheit der katholischen Kirche alle Reformen überleben würde, nur eine nicht. Sie würde auseinanderbrechen, wenn die bereits im Zölibat engagierten Priester die Erlaubnis bekämen zu heiraten. Nach tausendjähriger enger Verbindung von Priestertum und Zölibat würde ein empfindlicher Nerv bloßgelegt werden. Die Katholiken sind auf eine solche Veränderung nicht vorbereitet.*

*Und doch, wer wüßte nicht, daß in bestimmten Gebieten die Keuschheit für Priester auf einsamem Posten manchmal unmöglich ist, selbst wenn in ihnen das Feuer einer pastoralen Berufung brennt. Wie oft überrasche ich mich dabei, daß ich an diese Menschen denke!*

*

Für viele junge Menschen ist die Sexualität kein Tabu mehr. Wenn sie nach ihrem Belieben, ohne jede Einschränkung, von ihr Gebrauch machen, hat sie ihren Wert verloren.

Nach dem Gesetz, daß eine Antriebskraft durch eine andere ersetzt werden kann, werden andere Triebe frei, Kräfte der Angriffslust.

Ein volles Menschentum wird nur dort verwirklicht, wo die gesamte Mitgift des Menschseins zum Bewußtsein kommt. Das Wissen um die eigene Menschlichkeit ist von größter Bedeutung für den, der Tag für Tag aus ihr ein Geschenk machen möchte, eine immer neue Gabe.

Alle inneren Kräfte verfügbar machen, das Gefühlsleben, die unerforschten Tiefen, aus denen ungeahnte und vielfältige Lebensimpulse hervorquellen, dies alles für Christus verfügbar halten im vollen Wissen dessen, was man ihm bringt. In dieser Hinsicht ist der Mensch, der im Zölibat lebt und sein Leben Tag für Tag hingeben möchte, bereit, in seinem tiefsten Wesen getroffen zu werden. Er sucht die Begegnung, die Begegnung mit dem Auferstandenen, um von da aus zur Begegnung mit jedem Menschen zu kommen.

Ergriffen von dieser Forderung, verwirklicht er sie ein ganzes Leben lang, bei Tag und in den durchwachten Stunden der Nacht, in der Einsamkeit und im Grau des Alltags. Er weiß um die Unbedingtheit dieser Begegnung.

Seit der Reformation hat die katholische Geistlichkeit keine solche Erschütterung mehr erlebt. Manche sind der Ansicht, der Zölibat der Priester sei der Grund dafür. Psychiater erklären jedoch, daß darin nicht der einzige Grund läge. „Gewiß erwachsen aus der Lage derer, die im Zölibat leben, Spannungen, Frustrationen, Probleme, wie man sagt. Doch darf man nicht vergessen, daß die Lage der Verheirateten dies alles auch mit sich bringt, nur haben die Probleme einen ganz anderen Charakter. Einfach ausgedrückt: Es wäre naiv, anzunehmen, nur ein Verheirateter könne glücklich sein, und ein Mensch im Zölibat müsse notwendigerweise unglücklich und unausgeglichen sein. Die Erfahrung widerspricht ganz massiv diesem etwas kindlichen Denkschema."[12]

Die gegenwärtige Krise betrifft vor allem das Pfarramt. Im evangelischen Raum, wo die Pfarrer fast alle verheiratet sind, herrscht die gleiche Erschütterung. Sie drückt sich in einer heftigen Reaktion gegen jede Gleichsetzung des Pfarrdienstes mit der Zugehörigkeit zu einem kirchlichen Stand aus. Im Laufe der Jahrhunderte hat sich ein Klerikerstand herausgebildet, im Protestantismus genauso wie anderswo. Heute suchen evangelische Pfarrer und katholische Priester, das Besondere ihres Amtes herauszufinden. Sie lehnen es ab, bloße Funktionäre zu sein.

TAGEBUCH

*Wie viele andere Pfarrerskinder erinnere ich mich gut, was es bedeutet, als Kind Situationen zu erleben, bei denen man sich ausgeschlossen fühlt, wo man durch die Zugehörigkeit zu einer „Kaste" wie gebrandmarkt ist. In letzter Zeit habe ich einigen Ehepaaren, die in der Kirche engagiert sind, die Frage nach einem gemeinsamen diakonischen Dienst gestellt. Verallgemeinert kann man ihre Antwort so zusammenfassen: Wir denken an die Kinder. Wie kann man die Herausbildung eines neuen klerikalen Standes vermeiden, der die Kinder in ein kirchliches Milieu einsperrt?*

*Pfarrer aus Genf sind bei mir zu Tisch. Den Jüngeren ist ihre Beunruhigung deutlich anzumerken. Sie sagen: „Nichts lähmt mehr, als für Funktionäre der Religion gehalten zu werden. Die Amtshandlungen, die vorzunehmen sind: Taufen, Eheschließungen,*

45

Beerdigungen werden zu einer unerträglichen Last.
Warum verwehrt man uns, unseren Lebensunterhalt
zu verdienen wie andere auch? Die Stunden, die wir
dem Pfarramt widmen, wären dann viel gehalt-
voller."

*

Noch nie habe ich mich so sehr auf einen 29. Juni
vorbereitet. An diesem Tag werden viele Priester ge-
weiht, unter ihnen gute Freunde.

Sie übernehmen in sehr jungen Jahren ein Amt.
Sie werden sich einer Gesellschaft zu stellen haben,
die sich für ihr Engagement nicht interessiert. Sie haben in der Kirche nicht mehr den Schutz eines ganzen
Volkes, die zuverlässige Stütze vergangener Zeiten.

Sie werden das Auf und Ab der Jahre kennenler-
nen. Sie werden Entmutigungen, Müdigkeit, das
Schwinden überschäumender Hoffnung erleben.

Einzig die Heiligkeit wird ihnen in einem langen
Leben einen Weg bahnen können. Ohne diese werden sie sich in ihr eigenes Ich zurückziehen oder sich
anderswo Ausgleich suchen. Nur die Heiligkeit wird
sie unmittelbar mit Christus verbinden und so mit
allen Zeugen des Glaubens.

Der Provinzial einer Kongregation verbrachte ein
paar Tage bei uns. Er kam vom Niger zurück, wo
er in der Nähe einer Fraternität von Taizé gelebt
hatte. Er sagte zu einem meiner Brüder, der nach
dem Polytechnikum auf einer Baustelle als Maurer
arbeitete: „Durch Ihre Arbeit tragen Sie zum Fortschritt des Menschen bei."

46

*Die Antwort des Bruders hat ihn überrascht: „Die Leute in unserer Umgebung wissen nicht, was ein Christ ist. In erster Linie haben wir die Heiligkeit Christi nachzuleben. Alles übrige, auch der Beitrag zum menschlichen Fortschritt, ergibt sich als notwendige Folge."*

Auch von der monastischen Berufung sagen manche: „Das ist überholt." Und sie werfen brisante Fragen auf:

Warum halten die Menschen, die in Gemeinschaften leben, so oft die notwendigen Anpassungen auf?

Warum machen sie sich das Leben schwer durch eine Trennung der Generationen? Sie sind nicht mehr ein Zeichen für brüderliche Gemeinschaft, und sie begnügen sich mit resigniertem Seufzen über die Gleichgültigkeit, die um sie her entstanden ist.

Was ist aus diesen Menschen geworden, die sich einmal durch lebenslängliche Bindungen engagiert haben, um für alle dazusein?

TAGEBUCH

*Ein Priester hat mir vor einigen Tagen versichert, das Kloster, in dem er gelebt hatte, habe keine Zukunft mehr. Aber auch wenn die Institutionen erstarren, kann man immer noch auf die Menschen zählen, die ihnen das Leben geben. In diesem Fall bin ich überzeugt, daß der Verantwortliche des Klosters fähig ist, seine ganze Gemeinschaft mit neuem Geist zu erfüllen. Ich kenne ihn.*

*Jede Wandlung des Menschen geschieht aus seinem Innern heraus. Von innen her ändern sich unsere geistigen Strukturen. Im Innern unseres Wesens vollziehen sich dauernd Neubekehrungen zu Christus, den wir immer wieder vergessen, zurückweisen.*

*Gewiß muß alles getan werden, um alte Strukturen zu verbessern. Wenn sie aber nicht von großherzigen Menschen getragen werden, dann mögen die Reformen ihnen vielleicht äußerlich einen schönen Anstrich verleihen, man wird ihnen eine innere Logik nicht absprechen, aber neues Licht werden sie in nichts bringen.*

*Einem andern Freund mache ich das Drama der Reformation deutlich. In einem bestimmten Augenblick gewann die Verzweiflung über das Ausbleiben der Reformen im Katholizismus die Oberhand. Man wollte neu beginnen, auch wenn nicht alle Brüder mitgehen würden. Gott hat seinem Geist erlaubt, in dieser Neuschöpfung zu walten. Er liebt die Seinen zu sehr, um sie zu verlassen. Aber das Bild der Einheit des Leibes Christi wurde damit zerstört.*

Heute geht das gemeinsame Leben durch die Feuerprobe; doch kann man schon jetzt voraussehen, daß es neu hervorgehen wird aus seiner Solidarität mit den Laien, die gegenwärtig von einer ganz außergewöhnlichen Dynamik ergriffen sind.

Ein Teil der Laien läßt sich von der gegenwärtigen Krise nicht erschüttern. Diese Laien glauben unter anderem an eine Berufung zur Kontemplation. Weil sie hohe Ansprüche stellen und zu kühnem Einsatz fähig sind, helfen sie vielen Priestern und Pastoren, im Sturm durchzuhalten. Ihre gesunde Reaktion wird oft Berufungen festigen, die ohne diese Hilfe in Auflehnung oder passiver Ergebung untergingen.

Ohne diese gegenseitige Ergänzung engagierter Laien und der zur Kontemplation Berufenen ist Fülle weder für die einen noch für die anderen möglich. Würde die Solidarität nur von Laien oder nur von Ordensleuten gelebt, so müßte notwendig eine unersetzliche ökumenische Dimension verlorengehen.

Für die von einer Welt des Bildes geprägte Laienschaft mit ihrer Leidenschaft für technische Verfahren können die Gemeinschaften mehr denn je zu einem Zeichen der Ewigkeit werden.

Andrerseits gibt es in den Gemeinschaften Mitglieder, die für eine begrenzte Zeit in kleinen Fraternitäten mitten unter den Menschen leben, um ihre Berufung zum Gemeinschaftsleben zu bereichern. Für sie wird die Abwechslung zwischen einem Leben in kleinen Fraternitäten inmitten der Städte und der regelmäßigen Rückkehr zum Ursprung ihres Familienlebens in ihrer Gemeinschaft zur Quelle menschlicher Ausgeglichenheit.

## TAGEBUCH

*Dieser Tage wurde uns der Besuch der „geistlichen Familien" von Charles de Foucauld zum Anlaß, einander von neuem unsere von Anfang an bestehende Freundschaft zu bestätigen.*

*Wäre die Einheit der Kirche bereits Wirklichkeit gewesen, als wir in Taizé anfingen, so hätten wir nicht gezögert: Die Familie von Charles de Foucauld entsprach genau unseren damaligen Erwartungen. Doch in Anbetracht der ökumenischen Berufung haben unsere Wege sich getrennt.*

*Es kam der Augenblick, in dem wir aus unserem Schweigen heraustreten mußten, um uns den Menschen, besonders den jungen Menschen zu widmen.*

*Außerdem hatte uns zur Zeit unserer Anfänge eine Frau kurz vor ihrem Tod stark beeindruckt durch ihre Überzeugung, daß es dem sichtbaren Zeichen der Gemeinschaft, auf die die Christen sich berufen, widersprechen würde, wenn sich alle Brüder in kleine Fraternitäten verstreuen würden. Für eine Welt, in der alles zur Zerstreuung auffordert, ist dieses Zeichen wesentlich. Vielleicht hat diese Frau schon damals vorausgeahnt, daß die heutige Zeit zu einer Entwurzelung der einzelnen wie der Gesellschaften führen würde und daß die Menschen dann danach verlangen würden, in einer Gemeinschaft Zeiten innerer Festigung zu erleben.*

*

Manche glauben, wir hier in Taizé seien im Vergleich zu den Institutionen der Kirche bevorzugt, als hätten wir einen größeren Spielraum an Freiheit als andere.

Es ist richtig, daß wir es ablehnen, Bewegungen und Institutionen ins Leben zu rufen und uns anzugliedern. Aber Solidaritäten bleiben dennoch bestehen. Sie schränken unsere Freiheit ein. Sie lassen nicht zu, daß wir ohne die andern bauen.

Es gibt Zeiten, in denen sich der Bereich unserer Freiheit verengt, um sich in der Folge wieder zu erweitern. An uns ist es, innerhalb mehr oder minder wahrnehmbarer Schranken aufzubauen.

Wenn die Grenzen aneinanderrücken und der verbleibende Raum für gemeinsames Bauen kleiner wird, könnte Enttäuschung die Oberhand gewinnen. Aber indem wir einen zwar eingeengten, aber immerhin noch vorhandenen Raum für schöpferisches Wirken nützen, richtet sich unser Mut Tag für Tag wieder auf.

Im Volk Gottes wird nichts gebaut ohne Anerkennung jener Grenzen, welche die Solidarität mit dem Ganzen notwendig macht. Darin besteht ein Teil unserer Berufung, die Katholizität der Kirche zu leben.

## TAGEBUCH

*Der vielleicht bedeutendste Abend dieses Jahres: Ich habe Freunde aus Polen bei mir. Die Unterhaltung fließt ruhig dahin, bis ich sie sagen höre, daß sie in den sehr großen Schwierigkeiten ihres Daseins, in dem Bemühen, das Gleichgewicht zwischen den Marxisten und der Kirche zu bewahren, immer wieder Halt suchen in dem Gedanken an eine gleichfalls heute lebende kleine Gemeinschaft, die ihre Hoffnung nährt.*

*Schrecken und Unbehagen steigen in einem auf, wenn man eine so starke Bejahung seiner selbst von* anderen zu hören bekommt. Und dabei schreibe ich hier keineswegs alles nieder, was sie gesagt haben.

Ich fühlte mich gedrängt, im Bruderrat alle Brüder darüber zu hören. Ich fragte sie:

Wer sind wir? Eine Begegnung von Menschen, die einander nicht gewählt haben und die versuchen, in dieser unserer Zeit etwas von der christlichen Urgemeinde zu leben.

Wer sind wir? Eine kleine, zerbrechliche Gemeinschaft, die von einer wahnwitzigen Hoffnung lebt, von der Hoffnung auf die Aussöhnung der Christen und aller Menschen untereinander; eine Gemeinschaft von Christen, die sich vor Aufgaben gestellt sieht, die ihre Kräfte weit übersteigen, und die dennoch und trotz ihrer beschränkten Zahl den Versuch wagt, auf die aus aller Welt an sie ergehenden Anrufe zu antworten.

Nichts würde sich ereignen, wenn wir nicht vor allem eine Gemeinschaft von Menschen wären, in der jeder einzelne für sich allein in einem manchmal sehr harten Kampf für Christus – und allein für ihn – ausharrt.

Eines Tages könnte der Stolz des Lebens in uns einsickern. Was reine Antwort auf einen Anruf war, verflüchtigt sich, und die verbleibende Leere füllt sich mit irgend etwas auf, mit Hunger nach Macht, mit einer Art Triumphalismus der Person, mit Aggression gegen alles, was unmittelbar oder entfernt an den ersten Anruf gemahnt.

Ausharren! Das ist eines der inneren Themen, die Tag für Tag aktuell werden in einer geschichtlichen

Epoche, in der immer mehr Dinge in Frage gestellt werden. Unter ständigen Feuerwerken könnten wir nicht durchhalten. Sie würden uns blenden und hindern, die Wirklichkeit zu leben. Wenn uns aber von Zeit zu Zeit so ein Feuerwerk Freude macht, mag es nicht schaden; es kann uns helfen, unermüdlich zum Ausharren zurückzukehren.

Wer sind wir also? Eine kleine, manchmal stark durchgerüttelte Gemeinschaft, die aber immer wieder aufsteht, weil sie getragen ist von einer überragenden Gegenwart, die sie an das Ewige bindet.

Wer sind wir? Unsere gegenwärtige Lage läßt sich in einem einzigen Satz zusammenfassen: Wir sind eine Anhäufung persönlicher Schwächen, gleichzeitig aber eine Gemeinschaft, die aufgesucht wird von einem anderen als uns selber.

# Aus der Sackgasse herausfinden

Ist dieses unser sogenanntes „Jahrhundert des Ökumenismus" wahrhaftig das Jahrhundert der Gemeinschaft?

Überall treten in diesen Jahren Risse, Gegensätze, neue Spaltungen auf: Spaltungen der Erde in eine von Ideen übersättigte nördliche Hemisphäre mit ihren Überflußgesellschaften und in eine immer tiefer in die Armut absinkende südliche Hemisphäre mit ihren weiten, spannungsgeladenen Gebieten, die nicht Nebenprodukt des Westens sein wollen; Spaltung in der Theologie; Spaltung zwischen den Generationen.

Warum gibt es keinen Frieden im Volk Gottes?

Der Frieden geht verloren, wenn man instinktiv die alten und neuen Gegensätze unter den Christen mit den Fehlern der andern in Zusammenhang bringt. Das macht unfähig, auf den andern zuzugehen und ihm zu sagen:

Ich wollte im Volk Gottes auf eine reinere, kompromißlosere, von der Bürde der Jahre und der Last der Jahrhunderte freiere Weise bauen, aber es ist mir nicht gelungen, weil ich es ohne dich unternommen habe. Was meine Gemeinschaft, wie ich glaubte, an

Reinheit gewonnen hat, das hat sie an Ausstrahlung auf die Gemeinschaft aller Menschen verloren.

Wie können wir uns bewußt werden, daß für alle Spaltungen immer beide Seiten verantwortlich sind, genauso wie für jede Scheidung?

Von den ersten Jahrhunderten an pflegten sich die Christen mit den folgenden Worten zum Frieden zu mahnen: „Beginne das Werk des Friedens in dir selbst, damit du ihn, wenn er in dir hergestellt ist, auch den andern bringen kannst."[13]

Ohne diese im Innern der christlichen Berufung verankerte Forderung gerät alles in Verwirrung. Alles, auch der Ökumenismus, kann zum Ferment für Gegensätze werden sowohl bei jenen, die gegen die Reformen sind, als auch bei jenen, die sie wünschen. Unter ihnen gibt es Menschen, die im Volk Gottes gelitten haben. Sie vermochten nicht, die ihnen auferlegten Prüfungen mit einer glühenden Geduld zu tragen.

Wie kommt es, daß dieses „Jahrhundert des Ökumenismus" nicht schon das Jahrhundert der Gemeinschaft ist?

Sollte die Dynamik echter Aufgeschlossenheit, aufrichtigen Wohlwollens und der Bereitschaft zu verzeihen im Westen wirklich zerbrochen worden sein durch die in mehr als vier Jahrhunderten erworbene Gewohnheit, einander mit Verurteilungen zu traktieren?

Das gute Gewissen kann uns dahin bringen, über Christen, die anders sind als wir, negative Urteile abzugeben. Sollte es uns auch hindern, das Gebet für alle Menschen, sogar für jene, die uns herabsetzen, in uns aufkommen zu lassen?

Wenn wir urteilen, gehorchen wir, ohne es zu wollen, einem Gesetz des Schuldbewußtseins, das in der Natur nicht nur der Christen, sondern aller Menschen so tief wurzelt, daß ein agnostischer Schriftsteller schreiben konnte, es habe ihn ein Jahr Depressionen gekostet, um 25 Jahre unterbewußter Schuldgefühle aus sich herauszuarbeiten.

Die Gemeinschaft unter den Christen läßt sich nicht dadurch herstellen, daß man an den andern mit Forderungen herantritt – genausowenig wie in der kleinen Zelle der Ehe oder einer beliebigen anderen Gemeinschaft. Nichts wirkt so zerstörerisch auf uns, als wenn wir uns nur deshalb mit dem andern beschäftigen, um ihn von unseren Vorstellungen zu überzeugen.

## TAGEBUCH

*Ein Freund sagt zu mir: „Sie glauben an Tatsachen. Warum findet sich dann in Ihren Schriften nie eine negative Wertung, weder im Zusammenhang mit dem Protestantismus noch mit dem Katholizismus? Warum üben Sie nie Kritik an den Tatsachen?"*

*Ich antworte:*

*Vergessen Sie nie, daß wir aus einer jahrhundertealten Geschichte von mangelndem Verständnis füreinander heraustreten. Empfindlichkeit und fixe Denkformen haben sich herausgebildet. Wie sehr war doch unter Christen verschiedener Konfession das*

*Übereinanderurteilen an der Tagesordnung! Damit erreicht man beim anderen keine Sinnesänderung, die erwünschte Wandlung wird dadurch nicht gefördert.*

*Wenn wir in der Lage, in die wir geraten sind, versuchen, den andern durch Protest auf den Weg zurückzuführen, den wir für den besseren halten, so wird er sich nur noch mehr verschließen, anstatt sich zu öffnen.*

*Was mich betrifft, so wünsche ich brennend, niemals über irgend jemanden den Stab zu brechen. Damit ist nicht gesagt, daß man einem Irrtum zustimmen soll, wohl aber, daß man den geeigneten Zeitpunkt abwarten soll, um seine Meinung zu äußern.*

*Es gibt eine Pädagogik der Zurückhaltung, welche die lebendigen Kräfte des Menschen aktiviert. Nur im Vertrauen läßt sich der Mensch umstimmen. Nur wo Vertrauen herrscht, kann alles gesagt werden.*

*Begegnet man dem andern mit unbegrenztem Wohlwollen, so wird eines Tages der Durchbruch zu einem echten Dialog gelingen. Und wenn dieser einmal unter Christen angebahnt ist, dann dehnt er sich auch auf Agnostiker und Nichtglaubende aus.*

\*

Die Intoleranz gewisser Kirchen ist dort begreiflich, wo ihnen die Mehrheit der Bevölkerung angehört. Woher aber kommt die Intoleranz bei manchen christlichen Minderheitsgruppen? Woher kommt dieser Mangel an Ehrfurcht vor der Person, sobald es um einen Gedanken geht, der aus dem üblichen Konformismus herausfällt?

Hier kommt ein soziologisches Gesetz zum Zug: Aus Angst, absorbiert zu werden, setzt eine Minderheit jeglichem Anstoß in Richtung Einheit Widerstand entgegen.

Das gilt sowohl für katholische wie für protestantische Minderheiten. Sie können andere Berufungen nur teilweise würdigen. Sie analysieren alles, was auf sie zukommt, um sich dagegen zu verteidigen.

Die Generationen kommen und gehen, aber wiewohl die Söhne bisweilen in Opposition zu den eigenen Vätern stehen, wirkt doch in ihnen ein ebenso heftiger Virus der Intoleranz wie einst in ihren Vätern. Die Beweggründe können völlig verschieden sein, das Phänomen als solches bleibt.

TAGEBUCH

*Ein französischer Priester sagt mir, er könne viel leichter guten Kontakt mit Pfarrern oder Laien aus einer ausländischen Kirche finden, die von Anfang an eine Mehrheitskirche war. Mit ihnen könne man in gemeinsamen Überlegungen viel weiter gehen. Protestanten dagegen neigen dort, wo sie sich von einer Masse von Katholiken an die Wand gedrückt fühlen, dazu, sich zu distanzieren.*

Manche wundern sich darüber, daß Taizé der Verleumdung entgangen ist, obwohl es geographisch im Bereich der französischen Konfessionsgegensätze liegt. Es ist wahr, daß man nie unsere moralische Integrität zum Ziel von Angriffen gemacht hat. Das hat uns aber nicht vor scharfer Kritik an verschiedenen unserer Einstellungen bewahrt.

Während Evangelische von uns abrückten, reagierten Katholiken auf uns mit einem Angstreflex, weil wir aus der Reformation hervorgegangen sind.

Als Söhne zweier Familien sind wir Erben einer vierhundert Jahre alten Scheidung. Wir möchten die Familie unserer Väter – die Kirchen der Reformation – mit unserer Mutter-Kirche, der katholischen Kirche, aussöhnen. Niemals werden wir uns dazu finden, über die eine negativ zu urteilen, um die Befürchtungen der anderen zu beschwichtigen. Niemals möchten wir etwas sagen, was die Liebe verletzt, die wir zur einen wie zur andern tragen.

Und jetzt, da wir katholische Brüder unter uns haben, leben wir diese neue Wirklichkeit, die doppelte Zugehörigkeit, noch intensiver.


TAGEBUCH

*Vor wenigen Tagen wollte ich eine Gruppe, deren Teilnehmer aus etwa 30 Nationen stammten und deren Fragen ich beantwortet hatte, meinerseits fragen, wie sie uns sähe. Sie überlegten, und dann sagten sie: Ist es richtig, wenn wir in Ihrer Gemeinschaft eine Berufung zum Leiden und zugleich die Frische des unverfälschten Geistes des Evangeliums erkennen? Wenn das stimmt, dann haben wir weiter nichts zu sagen als: „Bleiben Sie sich treu."*

In manchen Teilen der Welt hat der Ökumenismus eine gewaltige Dynamik entfaltet und tatsächlich eine Besserung in den Beziehungen zwischen den getrennten Christen herbeigeführt.

Trotzdem sollte man sich deshalb nicht einem Gefühl der Euphorie hingeben. Im jungen christlichen Bewußtsein steigen Unruhe und Zweifel auf. Wenn der Ökumenismus nichts weiter ist als eine Idee mehr, wozu ist er dann gut? Wenn er sich nicht schon jetzt durch Taten verwirklicht, dann ist er nichts wert.

Was nicht zur Gemeinschaft im Leibe Christi und gleichzeitig zum Aufbau einer menschlicheren Welt führt, kann uns das noch interessieren?

Zu viele Dialoge gehen ins Leere. Der Dialog hat seine Zeit, dann aber kommt der Augenblick, wo Zusammenarbeit, Begegnung zwingende Forderung werden.

Die Nuanciertesten unter den Jugendlichen sagen dazu folgendes:

Wenn wir uns als Christen identifizieren, dann beziehen wir uns dabei immer auf eine konfessionelle Gemeinschaft, auf eine ortsgebundene Geschichte. Und weil wir damit schon festgelegt sind, so wünschen wir einen Ökumenismus, der uns erlaubt, von unserem Heute aus zu leben.

Wenn manche sagen: Wir waren jahrhundertelang getrennt, und so wird auch die Verwirklichung der Gemeinschaft Jahrhunderte brauchen, kann dann der Ökumenismus mehr sein als eine weitere Institution, die zu nichts führt?

Wir suchen eine Gemeinschaft in der nahen Zukunft.

Wir sind einer Meinung mit Johannes XXIII. und erklären, daß wir von einem historischen Prozeß nichts mehr wissen wollen und daß es uns nicht darum geht, festzustellen, wer recht und wer unrecht gehabt hat[14].

Wir wollen nicht mehr Gefangene unserer Sonderbestrebungen sein und durch sie immer wieder auf unsere lokale Geschichte zurückgeführt werden.

Wir wollen Christus leben für die Menschen und über den Weg der Gemeinschaft unter den Christen unter allen Menschen Freundschaft stiften.

Wir können die konfessionelle Trennung nicht mehr ertragen; sie ist ebenso heuchlerisch wie die rassische.

Wir wissen um den Virus, von dem unsere christlichen Gesellschaften befallen sind. Seit vier Jahrhunderten heißt er Selbstverteidigung, Selbstrechtfertigung, Glaubensstreit. Immer von neuem setzt er einen Rückzugsprozeß in Gang, der aus dem Ökumenismus eine Institution mehr machen kann, die von der Vielzahl der Kirchen in ihre Bahnen gelenkt wird und den Rückzug auf sich selbst nur weiter begünstigt. Dieser Virus neutralisiert, ja zerbricht jede Begeisterung für die Menschen und die Katholizität.

Wir werden aus dem Ökumenismus nicht eine zusätzliche Ideologie machen, ein schönes Thema für Vorträge, in denen jeder jahrhundertelang seine eigenen Standpunkte rechtfertigen kann.

Für uns ist der Ökumenismus weder eine Idee noch ein Begriff; er ist vielmehr die Antwort des Glaubens auf ein Ereignis Gottes in unserer Geschichte.

## TAGEBUCH

*Theologiestudenten erklären mir, sie könnten in den bestehenden Strukturen nicht mehr weitermachen. Sie fragen mich, was sie Neues schaffen müssen, um aus der Sackgasse herauszukommen.*

*Ich schaue mir diese jungen Menschen an. Einer von ihnen, Pierre, wirkt auf mich wie die Ausgeglichenheit in Person. Bei einem anderen ahne ich eine Enttäuschung, die schon in die Tiefe gedrungen ist.*

*Ich versuche, ihnen zu antworten. Eine Krise kann man nur bewältigen, wenn man von den Verhältnissen ausgeht, in denen sie über uns gekommen ist.*

\*

Risse und Sprünge, die jetzt entstehen, werden ebenso massive Folgen für die Christen haben wie die Spaltung im 16. Jahrhundert, wenn sich nicht Frauen und Männer finden, die entschlossen sind, darüber hinwegzugehen.

Aber den Frieden werden diese Frauen und Männer nur dann bringen können, wenn sie zuerst Menschen jener Begegnung sind, die wir in den durchwachten Nächten und am Tage mit dem Menschen im Vollsinn, mit Christus, leben.

Diese Begegnung im Innern jedes Menschen hinterläßt einen starken Eindruck.

Aber man kann nicht bei ihr stehenbleiben. Denn sogleich ergibt sich aus ihr die Forderung, nun auch den Menschen zu begegnen, auch denen, die unseren Glauben nicht teilen oder im Widerspruch zu ihm stehen.

Durch das Antlitz jedes Menschen hindurch, besonders wenn es durch Tränen und Leiden durchsichtiger geworden ist, können wir das Antlitz Christi schauen.

Die Bezeichnung „katholisch" verpflichtet. Katholisch, ökumenisch, universal bedeuten dasselbe. Mit diesen Bezeichnungen verbindet sich eine hohe Anforderung an ihren Träger. Katholisch sein heißt offen sein für alles, was den Menschen betrifft.

Heute erscheint eine universale Solidarität aller Menschen mehr denn je unerläßlich. Ohne sie besteht weder Hoffnung auf Frieden in der Welt noch auf die Schaffung menschenwürdiger Daseinsbedingungen für alle.

Aber sogar im Inneren der katholischen Kirche tun sich neue Spaltungen auf.

Wer würde die Dringlichkeit einer Auseinandersetzung leugnen? Ein Dialog, der in die Tiefe geht, macht es jedem möglich, die Haltung des andern, das Warum seiner Entscheidungen zu verstehen.

Die Auseinandersetzung setzt klares Denken und scharfe Analysen voraus. Sie bringt die ausschlaggebenden Beweggründe für diese oder jene Strömung ans Licht. Die einen sind sich des mächtigen Einflusses der Säkularisation, die keinen Christen unberührt läßt, bewußt und haben den Auftrag, den Sinn für das Ewige immer mehr zu wecken. Andere dagegen nehmen an den Kämpfen ihrer Zeitgenossen teil, soweit es nur irgend möglich ist.

Spannungen werden dann schöpferisch, wenn jeder bereit ist, von sich abzusehen, um das zu begreifen, was der Geist der Kirche durch andere sagen will. Es bereichert den Dialog, wenn sich alle bemühen, die Anrufe zu verstehen, die an Christen ergehen, die mit einem anderen Auftrag betraut sind, sich aber dabei voll und ganz für den Dienst an den Menschen auf der ganzen Welt einsetzen.

Die Verschiedenheit der Einstellungen verbürgt die Freiheit und wirkt gleichzeitig anregend. Sie befruchtet den Dialog. Wenn man aber das Ziel der Auseinandersetzung, wenn man die Sorge für die Gesamtheit der Menschen aus dem Auge verliert, dann wird jeder versucht sein, hinter Barrikaden in Deckung zu gehen, um jene, die einen anderen Auftrag haben, zu überwältigen.

TAGEBUCH

*Je nach dem Risiko, das der Mensch eingeht, wird er mehr oder weniger gedemütigt. Jeder mutige Schritt setzt Kritik voraus.*

*Aber zu viele und zu häufige Demütigungen können einen Kräfteverschleiß bewirken, so daß auch der tief in Christus wurzelnde Mensch versucht ist, rein psychische Kompensationen zu suchen.*

Wenn man behauptet, heute sei trotz aller noch so heftiger Gegensätze unter den Katholiken nicht mehr die Zeit der Schismen – und ich bin davon zutiefst überzeugt – so antworte ich darauf mit vielen: Wird eine solche Härte angesichts der fundamentalen Berufung zur Katholizität nicht jene, die auf die katholische Kirche blicken, in Gleichgültigkeit hineintreiben?

## TAGEBUCH

*Warten können auf die Aussöhnung gegensätzlicher Strömungen! Wie oft habe ich mir das während des Zweiten Vatikanischen Konzils gesagt!*

*In eine derartige Versammlung hineingeworfen zu werden, kam einer Kraftprobe gleich. Um dieser Probe gewachsen zu sein, hatte ich mich vorbereitet. Dennoch – ich übernehme lieber eine auf menschliches Maß zugeschnittene Aufgabe, getragen vom gemeinsamen Gebet, wie hier bei uns, als daß ich mich in eine Begegnung so riesiger Ausmaße hineingeworfen sehe, auch wenn das zu einem der interessantesten Abenteuer führt.*

*Ein Abenteuer! – Das kam uns gegen Ende des Konzils immer stärker zum Bewußtsein. Als der Abschluß heranrückte, steigerten sich die Spannungen im Gleichmaß mit der Wichtigkeit der Beschlüsse. Haben wir nicht alle den so menschlichen Wunsch gehegt, unsere eigenen Ansichten in die Dokumente aufgenommen zu sehen? Nichts ist weniger ökumenisch! Was nicht in Gemeinschaft gereift ist, darf nicht aufgezwungen werden, sonst belastet man den andern mit den eigenen Partikularismen.*

Ihre Einheit! Lange glaubte die katholische Kirche, sie durch große Festigkeit bewahren zu müssen. Hat sich das zum Nachteil einer universalen Brüderlichkeit ausgewirkt?

Jetzt ändert sich diese Einstellung rasch. Früher errichtete man zahlreiche Schranken. Der moderne Mensch erträgt sie nicht mehr, er nimmt sich nicht mehr die Zeit zu schauen, was dahinter ist. Selbst wenn die Grenzen nur in der Absicht gezogen werden, einen Wert der Kirche zu schützen, bewirken sie das Gegenteil. Die juridische Formulierung verstellt das Licht. Heute ist es dringend notwendig geworden, eine neue, dem modernen Menschen zugängliche Sprache zu finden.

Nicht als müßten die Grundlagen des Glaubens in Frage gestellt werden, aber ihre Darstellung in einer neuen Sprache ermöglicht Erweiterungen, die man sich bisher kaum vorstellen konnte. Die Gemeinschaft im Glauben bleibt, aber die Unversöhnlichkeit herrscht nicht mehr.

TAGEBUCH

*Ich freue mich über die Verwendung der modernen Sprachen in der neuen Liturgie, aber ich weiß wohl, daß sie keineswegs genügt, um alles Mechanische aus dem Vollzug auszuschließen.*

*Bisweilen beunruhigen mich die allzu schnellen Bibellesungen beim gemeinsamen Gottesdienst. Es könnte darin so etwas wie eine Magie des Wortes liegen, „das man gelesen haben muß", ohne es erfas-*

*sen zu können. Der moderne Mensch behält wenig
von Vorgelesenem. Oder bin ich vielleicht zu streng
und vergesse, daß immer Brosamen vom Tisch fallen?*

*Gab es in der Kirche nicht zu allen Zeiten Men-
schen des Wortes und Menschen der Kontemplation?
Aus der Nähe gesehen, scheinen sie durch einen großen Abstand voneinander getrennt. Betrachtet man
sie aber aus der Ferne, so erkennt man, daß sie sich
vom gleichen Brote nähren.*

Wenn wir uns über Werte der Kirche verständi-
gen, die einer größeren Zahl von Menschen Christus
bringen können, dann erweitert sich unser Denken
in eine universalere Dimension – es „katholisiert"
sich.

Wer ist mehr auf den Nächsten bedacht als ein
wahrhaft katholischer Mann, eine wahrhaft katholische Frau? In ihrem Herzen findet alles Raum: die
Teilnahme an jeder menschlichen Situation, das Gebet der Kirche aller Zeiten und seine Anpassung an
die Gegenwart, die Tränen um den Geprüften und
die Freude über den, der die Dankbarkeit für das
Heute erlebt. Ihnen ist es gegeben, leidenschaftlich
für die Einheit zu leben, was immer sie das kosten
mag, und zwar nicht in einem Traum, sondern in
den konkreten Kirchen, die infolge eines soziologi-
schen Gesetzes immer versucht sind, zuerst das Interesse einer lokalen Situation zu berücksichtigen
und die Dynamik der Katholizität zu verlangsamen.

Wenn die ökumenische Bewegung auch mancherorts mit Riesenschritten voranschreitet, so ist sie anderwärts über zaghafte Versuche noch nicht hinausgekommen. Es gibt auch Länder, in denen man über dieses Thema gar nicht spricht. Während also die einen noch nicht einmal mit den ersten Sprachversuchen begonnen haben, sind die andern schon ein gutes Stück über das Anfangsstadium des Dialogs hinausgegangen.

Nun ist es aber wichtig, daß man denen, die vorangehen, konkrete Möglichkeiten bietet. Wie sollte man sonst aus dem Engpaß herauskommen, der die Jungen unweigerlich in die Gewalt oder in die Gleichgültigkeit hineintreibt?

Sobald der Dialog eine Begegnung ermöglicht hat, kommt der Augenblick für eine neue Phase, die Phase der Verwirklichung. Wer sich dieser Forderung verschließt, läuft Gefahr, sich in einem gefühlsmäßigen Ökumenismus festzufahren, der sich damit begnügen würde, daß getrennte Christen einander entdecken und lieben.

Solange der Dialog weitergeht, macht sich dieser Engpaß nicht so fühlbar. Wie groß wird aber die

Enttäuschung sein, wenn man schließlich feststellen muß, daß man kostbare Zeit mit einer Beziehung verloren hat, die wohl zur Annäherung, nicht aber zur Einheit führt. Wir müssen uns ehrlich eingestehen, daß der Dialog an sich nicht die Kraft hat, die Gemeinschaft herbeizuführen? Wo führt der Weg heraus?

Ein neuer Schritt wird gewagt sein, und man wird dem Ziel näherkommen in dem Maße, in dem man die Einheit aufzeigt, die sich bereits überall in der Welt in zahlreichen, wenn auch nur vorläufigen Zellen verwirklicht hat.

Wir sind so sehr unseren parallelen geschichtlichen Entwicklungen verhaftet, daß wir keine Illusion hegen, man könne die Einheit aus Verhandlungen oder juridischen Abkommen hervorködern. Die Einheit wird vielmehr festgestellt werden. Dann werden jene Kirchen, die genug Mut und Großherzigkeit besitzen, nachträglich die Texte und Strukturen ändern, die nicht mehr der Wirklichkeit entsprechen.


TAGEBUCH

*Ein langweiliges Gespräch. Man fragt, was im Vergleich zum Katholizismus spezifisch protestantisch ist. Ich nehme allen Mut zusammen für eine Antwort, obgleich eine innere Stimme mir sagt: Geh' darüber hinweg.*

*Es gibt an die 300 protestantische Denominationen. Man muß schon ein Gelehrter sein, um sich da durchzufinden! Was spezifisch ist am Protestantis-*

mus? Um die Sache zu vereinfachen, gehe ich nur von dem aus, was wir hier leben.

Einer unserer Brüder, der aus einer protestantischen Kirche Nordeuropas kommt, hatte, bevor er nach Taizé kam, nie gesehen, daß man die Eucharistie den Gläubigen zugewandt feiert.

Ein anderer hat schon als Kind gelernt, das Kreuzzeichen zu machen.

Ein Dritter war gewohnt zu beichten und aus der Absolution zu leben.

Wieder ein anderer – gleichfalls ein Protestant – kannte die Feier der Eucharistie unter Verwendung der alten liturgischen Gewänder Kasel und Stola, des Stabes und der Mitra für den Bischof, das Kruzifix und den Altar im Kerzenlicht.

Ein anderer schließlich – und das ist wirklich ungewöhnlich – hat von seinem Vater, einem evangelischen Pfarrer, gelernt, die Jungfrau Maria zu verehren.

Diese Vielfalt innerhalb des Protestantismus zeigt, daß nichts von all dem spezifisch ist für ihn, daß er aber all das einschließt. Wo verläuft also die Grenze? Entscheidend bleibt zweifellos die Ablehnung der Stellung des Papstes und der jüngsten Mariendogmen.

*

Oft greife ich noch auf den inneren Dialog zurück, den ich als junger Mensch führte, als ich meinen Glauben wiederentdeckt hatte. Gewisse Äußerungen über das Abendmahl wollten mir nicht einleuchten. Für die einen ging es dabei nur darum, sich zum Gedächtnis Christi zu versammeln. Andere sahen darin weiter nichts als ein brüderliches Mahl.

Da ich von Kind auf mit der Heiligen Schrift vertraut war, verglich ich die zwei Worte: „Wo zwei oder drei in meinem Namen versammelt sind, da bin ich mitten unter ihnen"[15], und „Das ist mein Leib; das ist mein Blut"[16]. Ich sagte mir: Wenn ich mit ein paar Christen versammelt bin, dann ist er gegenwärtig. Er hat es versprochen, und ich glaube ihm aufs Wort. Wenn ich aber das Brot und den Wein der Eucharistie empfange, dann handelt es sich um eine andere Gegenwart, die mich mit dem auferstandenen Christus vereinigt. Welchen Sinn sollte dieses Mahl sonst haben?

Wenn Christus sagt: „Das ist mein Leib", dann spricht er von einer ganz anderen Gegenwart als von jener geistigen, die er den zwei oder drei in seinem Namen versammelten Gläubigen versprochen hat.

Aus der Realpräsenz Christi in der Eucharistie leben bedeutet, sich auf einen Glauben stützen, der nicht uns gehört. Würden wir ihn fallen lassen, so würde das vielleicht den Menschen helfen, uns leichter zu verstehen. Aber wo bliebe dann das Evangelium?

Unendlich viel Mut und Realismus wird nötig sein, um die Einheit festzustellen und sich ihr anzupassen. Die Texte kommen später. Den beiden großen und alten Kirchen, der katholischen und der orthodoxen, fällt dabei die schwere Verantwortung zu, hier mutige Gesten zu setzen. Diese beiden Kirchen, die schon vor der Spaltung bestanden haben, können ebensoviel aufhalten wie vorantreiben.

Die Ostkirche sucht selber ihre eigene Einheit unter schwierigen Umständen. Dabei hat sie die Möglichkeit, Wege für die Regelung der Beziehungen zwischen Schwesterkirchen aufzuzeigen.

Wir im Westen erwarten uns die Aussöhnung unserer Mutterkirche, der aus der Zeit vor der Reformation stammenden katholischen Kirche, mit unserer väterlichen Familie, durch die der Glaube über unsere Väter auf uns gekommen ist.

Aber gerade in diesem Bemühen um die Verwirklichung dieser Gemeinschaft stecken wir in einem Dilemma, denn auch um einer universaleren Gemeinschaft willen können wir nicht mit der Familie brechen, aus der wir kommen. Es liegt nicht in der Dynamik des heutigen Menschen, seine Überzeugung zu verleugnen. Werden wir also für die Generation, die das Zwischenglied bildet, die Möglichkeit einer „doppelten Zugehörigkeit" finden? Werden wir genug Phantasie und Mut aufbringen, um – ohne von jemandem die Verleugnung seiner ursprünglichen Kirche zu fordern – unsere Einheit wiederherzustellen und damit Ferment zu werden für eine Gemeinschaft unter allen Menschen auf der Erde?

In dieser Situation – und viele sehen das mehr oder weniger klar – gibt es einen Christen, der uns vielleicht aus dem Engpaß herausführen kann. Ein Papst hat im 16. Jahrhundert den Bann ausgesprochen. Wird es der Bischof von Rom heute verstehen, aus seinem Dienstamt an der Gemeinschaft die nötige

Kühnheit zu schöpfen, um eine „doppelte Zugehörigkeit" zu ermöglichen, ohne dabei jemandem zuzumuten, daß er den Glauben verleugne, den ihm seine Väter nach bestem Wissen übermittelt haben? Es wäre wahrhaftig nicht zu begreifen, wenn eine Kirche, die berufen ist, universal und katholisch zu sein, sich als exklusiv verstehen würde.

## TAGEBUCH

*In Rom bei Tisch ein Gespräch mit Theologen, die als Vertreter der Tradition gelten. Der Qualifizierteste unter ihnen sagt über den Weg zur Einheit:*

*– Wenn die theologischen Schulen des Katholizismus und des Protestantismus bisweilen durch einen Graben getrennt sind, so bestehen nicht minder tiefe Gräben zwischen den verschiedenen theologischen Strömungen innerhalb der katholischen Kirche. Der Unterschied zwischen dem Thomismus und der franziskanischen oder augustinischen Schule z. B. ist ebenso groß wie der zwischen den Auffassungen Luthers und jenen des Thomas von Aquin.*

*Die Hoffnung scheint also berechtigt, daß verschiedene Strömungen miteinander in einer wahren Gemeinschaft koexistieren können, wenn sie nur bereit sind, einander als gegenseitige Ergänzung in einem Ganzen anzuerkennen – und das gilt nicht nur für Osten und Westen, sondern auch für die Christen des Westens selber.*

Eine weitere mutige Geste: Wird man noch lange eine Gemeinschaft unter Christen suchen können, ohne daß man das Amt eines Hirten der Hirten und Gemeinden akzeptiert, das den Dienst der Barmherzigkeit in sich zusammenfaßt?

Es wäre eher unrealistisch anzunehmen, die katholische Kirche werde eines Tages auf dieses Amt verzichten. Es hat die Jahrhunderte überdauert und läutert sich immer mehr.

Wer würde nicht gerne einem Christen Gehör schenken, der fähig ist, vorauszugehen und dem Frieden im Namen der überwältigenden Mehrheit den Weg zu bahnen?

Nur zu oft hat man im Volke Gottes die Autorität als eine Funktion ausgeübt, die Rechte über „Untergebene" verleiht. Das hat zu Mißbrauch der Macht geführt. Wenn die Autorität sich mit einer weltlichen Macht identifiziert, kann sie nicht eine Gemeinschaft schaffen, die zum Ferment der Einheit wird. Es entsteht eine menschliche Gesellschaft, in der vielleicht ein gewisser Zusammenhalt waltet, nichts weiter. Es ist ein Mißverständnis, das notwendig schwere Fehler nach sich zieht, wenn das dem Menschen übertragene Amt, die Kirche lebendig zu erhalten, sich am monastischen Prinzip ausrichtet oder an irgendeiner anderen staatsmännischen Funktion, und sei es auch eine demokratische.

Heute tritt die Autorität indessen nicht mehr in Gestalt der Macht in Erscheinung, sondern in Gestalt der Gemeinschaft.

Wenn also die Autorität Gemeinschaft ist, dann

ist sie vor allem pastoral. In steter Wachsamkeit hält sie das Bewußtsein ihrer Solidarität mit dem Ganzen lebendig. Ohne Zweifel läßt sich das Evangelium auch ohne organische Verbindung mit dem ganzen Leib leben. Aber um welchen Preis! Da die Freiheit gar bald mit dem Bedürfnis nach Partikularismus verwechselt wird, führt sie zur Absonderung. Anstatt Hefe im Teig zu bleiben, baut man allein, und das sogar im Namen der Reinheit des Evangeliums.

Die Jahrhunderte gehen vorbei, aber dieses Amt Gemeinschaft zu schaffen, das gewissen Menschen anvertraut ist, bleibt immer dasselbe: Ein lebendiges Wort sagen, das die Menschen im Innersten anrührt und sie zur Umkehr bewegt. Die Kräfte der Auflehnung, die jedem Menschen innewohnen, wollen ihn taub machen für dieses Wort.

An die Frage nach einem Hirten für alle kann man nur aus einer großen Innerlichkeit herangehen. Ich möchte in der Folge mehr darüber schreiben.

TAGEBUCH

*Als Paul VI. als erster hinging und den Patriarchen Athenagoras besuchte, machte er von seiner Autorität Gebrauch, um einen Prozeß der Bereinigung in Gang zu bringen. Und als derselbe Paul VI. die Kirche von Konstantinopel als Schwesterkirche anredete, führte er die Ekklesiologie mit einem einzigen Wort aus einem Engpaß heraus.*

*Denn der Bischof von Rom wartet keineswegs untätig ab; er treibt vielmehr die Entwicklung durch* seine Initiativen voran. Ohne seine anerkannte Autorität würden diese Initiativen jedoch unwirksam bleiben.

Heute morgen habe ich in Rom den Empfang des Patriarchen in St. Peter miterlebt. Es war die dritte Begegnung zwischen dem Papst und Athenagoras.

Hinter uns beklagt sich eine Griechin mit lauter Stimme über ihren schlechten Platz, der nicht dem Rang ihrer Kirche entspricht.

Vor uns auf einem großen Podium stehen zwei gleiche Polsterstühle, einer dem andern gegenüber, der eine für den Papst, der andere für den Patriarchen Athenagoras. Ich freue mich über die Absicht Pauls VI., der Athenagoras auf diese Weise den Platz an seiner Seite einräumen will. Die Orthodoxen werden diese Geste zu schätzen wissen.

Das Gebet beginnt, dann folgen die Ansprachen. Mehr und mehr scheint sich die Silhouette Pauls VI. im Schatten des ehrwürdigen Patriarchen zu verlieren.

Ich frage mich: Könnte man um der Einheit willen die Idee einer Kirche mit zwei Häuptern akzeptieren? Dann würde die Kirche aber nicht mehr dem Bild des Leibes entsprechen. Das würde zwangsläufig zu einem x-beliebigen Föderalismus führen.

*

Immer wieder taucht dieselbe Frage auf: Was müßte man nach ihrer Meinung am Protestantismus und am Katholizismus ändern, um die Einheit möglich zu machen?

*Was kann man darauf antworten, ohne von seiner kleinen Warte aus zu urteilen?*

*Daß viele Protestanten von der Intoleranz lassen müßten, die eine Entartung des Christentums darstellt. Der Protestantismus hat die Intoleranz als Verteidigungsmechanismus entwickelt. Sie bringt das Bedürfnis nach Absonderung mit sich. Die Versuchung, mit dem Unkraut zugleich den Weizen auszureißen, führt zu unbewußtem, unterschwelligem Dünkel. Und so seltsam es scheinen mag, letztlich läuft all das – wie mir ein sehr friedlicher und wohlwollender reformierter Pastor nach einer Versammlung von Protestanten sagte – auf einen Triumphalismus der kleinen Gruppe hinaus.*

*Was die Katholiken betrifft, darf man erwarten, daß viele von ihnen sich von einem Macht-, ja einem Herrscherdrang freimachen? Ein solcher Drang ist heute noch typisch für gewisse Organismen der Kirche. Weit davon entfernt, die schöpferischen Kräfte anzuregen, wirkt er als Hemmschuh.*

# Hoffnung strahlt auf

Die Kirche von morgen bereitet sich abseits von der ungeheuren Auseinandersetzung vor, die unsere Tage bewegt. Ein neuer Frühling steht vor der Tür.

Jede Geburt geht unter geduldig getragenen Schmerzen vor sich. Aber wie sollten wir nicht von Hoffnung durchdrungen sein, da wir uns von so vielen jungen Christen getragen wissen?

Der in uns wohnende Christus ist unsere Hoffnung. Je tiefer der Mensch sich von dieser Wirklichkeit durchdringen läßt, desto besser kann er Stürmen und Fluten trotzen.

Hier liegt unsere Hoffnung. Sie hilft uns, den Kopf über Wasser zu halten, und schenkt uns Freude selbst in Augenblicken, in denen uns Zweifel befallen. Sie läßt uns Gott schauen, der unabhängig von unserer Unfähigkeit zu vollem Glauben da ist.

Mit zunehmendem Alter machen sich mehr und mehr die Tiefenschichten unserer Persönlichkeit bemerkbar, die uns zum großen Teil unbekannt bleiben, aus denen aber viele unserer Handlungen und Verhaltensweisen entspringen.

Allzu lange hat man Gott in unerreichbare Höhen

entrückt. Er ist auch der, der in unseren unerforsch-
lichen Tiefen wohnt. Er ist dort, im tiefsten Grund
des Menschen, er ist sein innerster Kern.

## TAGEBUCH

*Wie oft habe ich die Einheit der menschlichen Person
beschworen! Darunter verstand ich die Aussöhnung
des Menschen mit Gott. Aber ich sehe wohl, daß der
tägliche Kampf bleibt, auch wenn man älter wird.
Ich sehe all das Stückwerk, all die Unterbrechungen
auf dem Weg. Und so frage ich mich: Läßt sich die
Einheit der Person überhaupt verwirklichen?*

*In Augenblicken ist sie gegeben; wenn ich aber
mit mir selber ehrlich sein will, dann muß ich zugeben, daß sie nicht ein Zustand ist, den ich erreiche
und in dem ich bleibe. Sie ist eine Richtung, die ich
immer wieder neu einschlagen muß. Diese Anstren-
gung muß ständig von neuem gemacht werden. Gegensätze müssen in Einklang und zu gegenseitiger
Ergänzung gebracht werden.*

*Hätte nicht Paulus an die Christen von Thessalo-
nich geschrieben, ihr Glaube wachse kräftig[17], ich
würde zur Annahme neigen, niemand könne auf
Fortschritt im Glauben hoffen.*

*Fügt er dagegen hinzu, daß auch die Liebe zum
Nächsten wächst, so begreife ich das leicht. Je weiter
der Mensch fortschreitet, desto offener wird er für
den anderen. Wieviel Verständnis für jede menschliche Situation findet sich doch bei Menschen, die
an sich selber leiden!*

*Aber machen wir auch Fortschritte im Glauben? Fällt er uns leichter, wenn er im Laufe langer Jahre durch wiederholte Zeichen bestätigt worden ist? Immer wieder kommen Situationen, die unseren Glauben überrumpeln.*

*Dasselbe gilt von Selbstüberwindungen, die wir nicht vollziehen.*

*So haben wir, um die Gründung einer Genossenschaft zu ermöglichen, 1962 unsere Kühe hergegeben, die wir im Laufe der Jahre geduldig herangezüchtet hatten. Das Aufgeben dieses Besitzes empfanden wir befreiend.*

*Aber seit der Zeit begann uns unser Vieh zu fehlen. Wenn man nicht mehr intensiv an den bäuerlichen Arbeiten teilnimmt, verliert das Leben auf dem Lande einen Teil seines Sinnes. Nichts hatte uns den Kreislauf der Jahreszeiten so intensiv mitleben lassen wie diese Herde.*

*Vorbei sind die glücklichen Augenblicke beim Melken jeden Morgen und jeden Abend! In den ersten Jahren habe ich Tag für Tag allein gemolken. Keine Kälbergeburten mehr! Es ist ein ergreifendes, ja tiefes Erlebnis, wenn man dem Muttertier beim Kalben hilft.*

*Jahre sind vergangen, seit unsere Kühe auf den Genossenschaftshof gewandert sind. Die Freude über die Schaffung der Genossenschaft vermochte nicht das Fehlen eines vollen Stalles neben unserem Haus aufzuwiegen.*

Es ist ein und dasselbe, ob ich an Gott zweifle oder an seiner Verzeihung. „Gewiß, er verzeiht, aber einzelne Fehler und Sünden merkt er sich."

Wenn der Zweifel alles zuzudecken droht, kommt die Nacht. Dann bleibt nichts andres übrig, als glauben ohne jede Stütze. Da ist es der Glaube der Kirche, der den festen Halt gibt. Er ist nicht Sache einer kleinen Elite von Geläuterten. Mehr Menschen leben ihn, als man glauben würde.

Sie wundern sich nicht über all die Regungen, die in ihnen aufsteigen. Aus diesem Stoff ist ihre Menschlichkeit gemacht. Sie wundern sich eher darüber, daß sie entgegen und trotz allem an ein gegebenes Wort glauben. Nicht an eine Kette von Beweisen, sondern an ein schlichtes Wort, das vor neunzehn Jahrhunderten ausgesprochen wurde. Alles, woran sie sich geklammert hatten, hat der Sturm vor ihnen hinweggefegt. Sie wundern sich, daß sie auf einem nackten Felsen feststehen können.

Der Glaube ist bereit zu glauben, ohne zu sehen. Er fürchtet weder die Nacht noch die dunklen Bereiche unserer Persönlichkeit. Er ist Gewißheit. Er befähigt uns, auch im Finstern weiterzugehen.

Das Gebet kann in einem gewissen Sinn als ein Schritt vom Zweifel zum Glauben bezeichnet werden, als eine schöpferische Erwartung, in jedem Ereignis jetzt und hier die schöpferische Tat Gottes zu erkennen. Es ist tief innerliches Staunen und Dankbarkeit für das Geschenk des Lebens.

*Ein Freund fragt mich: Sollte mein ganzes Leben als Christ auf eine Wette gegründet sein?*

*Ich erwidere: Wir leben unter Menschen, die den Glauben aufgegeben haben. Ihretwegen können wir unseren Glauben nicht mehr in der bisher üblichen Weise ausdrücken. Aber unsere in einer neuen Sprache formulierte Gewißheit gründet sich nicht auf eine Wette, sondern auf die Aussage einiger Zeugen, deren Vertrauenswürdigkeit über jeden Zweifel erhaben ist.*

*Während ich das sagte, dachte ich an einen mir sehr nahestehenden Menschen. Dieser in verschiedenen humanitären Organisationen und in der Gewerkschaftsarbeit engagierte, skeptisch veranlagte Mensch erzählte mir eines Tages von einer Christusbegegnung, die ihm zuteil geworden ist. In einem Augenblick, in dem man es am wenigsten erwarten würde, vernahm er ein unmittelbares lebendiges Wort. Wie könnte sein Glaube – und damit auch der meine – auf einer Wette beruhen?*

*

Man kann ohne Übertreibung behaupten, daß weite Bereiche in uns ungläubig bleiben, obwohl wir uns eindeutig zum Glauben bekennen. Es nützt nichts, sich deswegen zu beunruhigen. Nehmen wir es schlicht zur Kenntnis; das bringt uns weiter.

Mag es in uns Zonen geben, die wir nicht kennen – Gott ist fähig, sie alle zu durchdringen. Er dringt in sie ein, auch ohne daß wir es wahrnehmen. Nach und nach druchdringt er das Undurchdringliche.

Aber stellen wir nicht den Glauben selbst in Frage, wenn wir zugeben, daß kein Mensch je zu vollem Glauben gelangt? Durchaus nicht, solange der Glaube für uns die Gewißheit bedeutet, daß Gott unsichtbar der ganzen Person innewohnt, ohne sie jedoch zu zwingen, ihm vollkommen anzuhangen.


## TAGEBUCH

*Redet man nicht der Psychoanalyse das Wort, wenn man feststellt, daß in uns Abgründe bleiben, von denen wir kaum Kenntnis haben? Ich kenne diese Wissenschaft kaum, aber ein Gespräch mit einem großen Anwalt der Psychoanalyse hat mich nachhaltig beeindruckt.*

*Er sieht in ihr keineswegs ein Allheilmittel, sondern nach seiner Meinung muß sie in ihren Schlußfolgerungen bescheiden sein. Es kann geschehen, daß man analysiert, daß aber die Synthese nicht gelingt. Dann ist die innere Zerrüttung im Laufe der Behandlung noch größer geworden.*

*Nach seiner Ansicht kommt es letztlich darauf an, daß man von seinen Krankheiten und neurotischen Zuständen – zugegebenermaßen finden sich bei jedem Menschen neurotische Züge – den rechten Gebrauch macht. Wenn sie nicht schöpferisch anregen, sondern zerstörerisch wirken, dann erscheint die Zuflucht zum Arzt geboten. Die Psychoanalyse bleibt* ein Mittel, auf das man erst dann zurückgreifen soll, wenn alle anderen Mittel versagen.

Er erinnerte mich daran, daß die althergebrachte, auf Einfühlung beruhende „Seelenführung" sich in der Kirche immer wirksam erwiesen hat. Auch sie ist fähig, im Menschen Risse festzustellen, welche die kleinsten, gerade noch wahrnehmbaren Grundpfeiler seines Wesens zum Einsturz bringen und schwere psychische Störungen verursachen. Dabei wird auch die Umgebung des Betreffenden in Mitleidenschaft gezogen, und auf die Dauer können sie ansteckend wirken.

Er sprach mir von jenen Ärzten, die, obwohl sie selbst ernstlich neurotisch waren, Psychoanalytiker wurden, ohne sich in der Folge der notwendigen regelmäßigen Kontrolle zu unterziehen. Rasch werden sie zu großen Weisen unseres Jahrhunderts. Sie geben vor, den Schlüssel zur Erkenntnis zu besitzen, erzielen aber in Wirklichkeit nur Mißerfolg und Zusammenbruch.

Die Bescheidenheit dieses Arztes flößte mir volles Vertrauen in eine solide Praxis der Psychoanalyse ein. Er machte aus ihr weder eine Weltanschauung noch eine Philosophie.

Wie kann der Mensch Christus seine Tiefen öffnen und ihm Zugang zu seiner Person geben? Indem er ihm absolut alles über sich selbst sagt; indem er sich ganz durchsichtig macht und ihm seine innersten menschlichen Schwierigkeiten zeigt; indem er auf diese Weise im Laufe der Jahre vergrabene

Werte freilegt, die sonst ungenützt geblieben wären.

Auf diesem Weg stellt sich auch eine Antwort ein. Der Dialog macht Fortschritte, obgleich er immer wieder ins Stocken gerät und zeitweise sogar aufhört. Eines Tages ist der Kern der Persönlichkeit erreicht. Alles wird rückhaltlos hingegeben. Nicht nur die inneren Widersprüche werden vertrauensvoll überlassen, sondern sogar die Menschen, die uns verurteilen oder über uns urteilen.

Der Mensch, der sich so Gewalt angetan hat, entdeckt eine Gegenwart – die Gegenwart Christi in ihm. Nur die Gewalttätigen werden sich seiner bemächtigen [1].

Es vollzieht sich eine Wiedergeburt, die darin besteht, daß alles Unklare beseitigt wird. Was immer man von diesem Verfahren halten mag, es hat den Vorteil, daß bei einem solchen vertrauten Umgang jeder Wunsch nach Versteckenspielen verschwindet.

Man wird einwenden, daß Gott ohnehin alles sieht. Gewiß, aber der Mensch nimmt immer Zuflucht zu Winkelzügen, um sich gleichsam einen privaten Bereich vorzubehalten. Damit aber richtet man in seiner Beziehung zu Gott ein Hindernis auf, wie es etwa zwischen zwei innig verbundenen Menschen entsteht, wenn der eine glaubt, dem andern etwas verheimlichen zu müssen, was dieser offenbar sehr wohl weiß.

Christus in uns! Wir vermögen es kaum zu fassen, so mächtig ist das Schuldbewußtsein im Menschen. Dabei gewinnt nur allzuoft die puritanische Haltung die Oberhand: „Herr, ich bin nicht würdig, daß du eingehst unter mein Dach."[18]

Ein anderer in mir! Ihn dort zu finden im Gebet, also in jenem Augenblick, in dem ich ganz offensichtlich mit Geist und Leib bemüht bin, ihn zu erfassen.

Ein anderer in mir! Er bedient sich meiner Schwächen und der in mir vorhandenen Widersprüchlichkeiten. Selbst die Prüfung erhält einen genau bestimmten Sinn: Es gibt aus ihr keinen andern Ausweg als ihn allein. Und damit findet sich sogar in der Prüfung Schönheit.

## TAGEBUCH

*Für ein paar Tage habe ich mich mit einigen Brüdern in ein Haus zurückgezogen, dessen Terrasse auf das Meer hinausgeht.*

*Was könnte man sich Besseres wünschen? Die Luft in ständiger Bewegung, die Meeresbrise, die Düfte, das lebendige Licht am Morgen und das Nachlassen der Hitze jeden Abend nach der Dumpfheit des Tages.*

*Um diese Stunde ziehe ich mich für einige Augenblicke auf die Terrasse im Westen neben zwei Orangenbäumen zurück.*

*Zeit der Besinnung. Heute abend wird mir bewußt, wie schwer das Leben in den beiden letzten Jahren war. So viele Augenblicke, in denen ich nicht weiß, wie ich an die bevorstehenden Aufgaben herangehen soll, mit denen ich dann übrigens immer fertig werde, wenn sie einmal da sind. Das habe ich in den ersten fünfundzwanzig Jahren Taizé nicht gekannt.*

*Ich bin ganz überzeugt, daß wir es in diesem ungeheuren Kampf, den wir bestehen müssen, mit den Mächten der Finsternis zu tun haben. Sie wollen keine Einheit unter den Christen. Sie wissen, daß Christus angesichts der Zerrissenheit seines Volkes leidet wie im Todeskampf.*

*Deshalb habe ich mich damit abgefunden, daß der Kampf noch härter werden könnte.*

*Nachdem ich die Ruhe wiedergefunden habe, gilt es noch, die mögliche Ermüdung zu überwinden. Alle Kräfte müssen für die schlimmen Tage in Bereitschaft gesetzt werden. Es gibt keinen andern Ausweg, als mich ganz in Christus zu stürzen, ihn bei jeder Gelegenheit anzurufen, ihn nahe zu wissen.*

*Unser Abendessen war überstrahlt von dieser Einsicht. Niemand konnte es wissen, aber ich war reich in der Freundschaft Christi und seiner Brüder.*

Auch die „Seelenführung", wie man es früher nannte, setzt restlose Offenheit voraus, aber einem Menschen gegenüber.

Wer könnte von sich sagen: in mir gibt es nichts, was ich nicht entweder in der Beichte oder sonst einem vertrauenswürdigen Menschen gegenüber ausgesprochen hätte? Wer könnte sagen, alles ist aufgedeckt, ich weiß um diese letzte Offenheit? Sie läßt sich nur in langen Jahren erreichen.

Wer sich Tag für Tag darin übt, sich ganz durchsichtig zu machen, für den kommen Stunden des Friedens und mit ihnen eine Freude.

Die Scham darüber, daß man existiert, die einem trotz allem hartnäckig anhaftet, verflüchtigt sich. Sie zeigt je nach den Umständen die verschiedensten Aspekte. Sie blockiert vollkommen die Kommunikationsfähigkeit und zerstört lebendige Kräfte. Sie ist ein unfruchtbares Leiden. Die christliche Gesellschaft verstärkt die Existenzscham bisweilen durch die Widersprüchlichkeit ihrer Urteile. Mehr als irgendein anderes Milieu erweckt sie Schuldgefühle.

Man selbst sein, ohne Schminke, ohne etwas zu bemänteln. Nichts verfälscht die Gemeinschaft und zerstört die Integrität der Person so sehr, wie wenn die Menschen Masken tragen.

Diese Transparenz läßt uns auch das Warum unserer Niederlagen und Schwierigkeiten und unsere Grenzen besser sehen.

Sogar die Angst, die Quelle starker Impulse, verliert sich. Aus ihr rühren so oft Zorn oder Liebe, Härte oder Zärtlichkeit her. Der Angst muß man sich stellen; sie gleicht einem Nebelvorhang, durch den man hindurch muß. Man darf sie nicht fliehen oder umgehen. Sie trägt ihre Lösung in sich selbst.

Und je mehr die Transparenz in uns Raum gewinnt, desto mehr Frieden breitet sich um uns aus.


TAGEBUCH

*Jeder Tag bringt neuen Kampf; das weiß jeder, der sich ernstlich einsetzt. Sonst kommt man nicht vor-*

wärts. Aber die Fähigkeit zu entscheiden erneuert sich für alle bis zum Tod. Die Kraft zu wollen ersteht immer wieder neu aus unerschöpflichen und ungeahnten Quellen.

Oft überdenke ich die versäumten Gelegenheiten, alle die anderen Orte, an denen ich die Communauté auch gut hätte gründen können, und ich vergleiche sie mit unserem im menschlichen Sinne so armen und im kirchlichen Sinne so erstorbenen Mâconnais.

In der Vergangenheit oder in der Zukunft leben, führt zu nichts. Die Phantasie dramatisiert. Nur das Heute zählt. Selbstverständlich muß man in die Zukunft schauen, aber man darf sie nicht in der Vorstellung vorwegnehmen; das wirkt tödlich.

# Freundschaft – ein Antlitz Gottes

Je mehr im Menschen das Bewußtsein seiner selbst zunimmt, um so klarer erkennt er, daß er auch bei seinem Tode von seiner Persönlichkeit nicht mehr kennen wird als ihre Umrisse. Sie west über ausgedehnten untergründigen Seen. Aber aus diesen Flächen ragen Felsen auf, auf denen man bauen kann.

Ein solcher fester Felsen ist das Vertrauen, das man in einen Menschen setzt.

Wenn dieses Vertrauen die Gestalt der Freundschaft annimmt, dann wächst die Sicherheit und das gemeinsame Werk wird möglich. Unweigerlich folgt daraus, daß man gemeinsam baut – nicht für sich selber, sondern für die andern.

Man muß das Alleinsein mit sich selber kennen, um zu begreifen, wie wertvoll manche Begegnungen sind.

Freundschaft läßt eine unsichtbare Welt vorausahnen. Nirgends sonst auf Erden leuchtet das Antlitz Gottes so sichtbar auf wie in ihr.

Der Glaube entsteht zwar nicht aus der menschlichen Freundschaft, aber er findet in ihr eine Stütze. Das gilt für die ganze Kette von Freundschaften, die mit der ersten christlichen Gemeinde ihren Anfang nahm, so sehr, daß es nicht mein Glaube ist, was zählt, sondern der Glaube der Kirche.

Darum hat auch das Gebet: „Schau nicht auf meine Sünden – meinen Mangel an Glauben –, sondern auf den Glauben deiner Kirche" von den Anfängen an bis heute seine Gültigkeit unverändert bewahrt.

TAGEBUCH

*Über das Thema „Freundschaft" schreibe ich an einen meiner Brüder:*

*„Die Freundschaft ist ein unergründlicher Wert. Im allgemeinen kennen wir nur ihre Umrisse, selten dringen wir in ihre Tiefen vor.*

*In der unbeschwerten Offenheit des Gesprächs, das durch sie geschieht, entdecken wir einzelnes von unserem Wesen, wenn auch keineswegs das Ganze. Das wirkt in uns eine Erneuerung, die einer Geburt in Christus nahekommt."*

*Und ein Bruder schreibt mir:*

*„In Zeiten, da Gott uns prüft, um die Tragfähigkeit unserer Freundschaft für ihn auf die Probe zu stellen, gewinnen unsere Freundschaften mit den Menschen und mit unseren Brüdern eine Dimension der Ewigkeit."*

Entspringt das brennende Verlangen nach zwischenmenschlichen Beziehungen nicht der Vorahnung einer anderen, wesentlicheren Gemeinschaft, einer Gemeinschaft mit Christus?

Bei den jungen Generationen ist dieses Verlangen

heute drängender denn je. Macht sie das nicht bereit für die Erkenntnis, daß auch die innigste menschliche Gemeinschaft ihre Grenzen hat und letztlich nur Einer unsere vielfache Einsamkeit ausfüllen kann?

Nicht jedem wird eine starke Freundschaft zuteil, die das ganze Leben lang anhält. Aber das intensive Erleben, das die Erfahrung einer zeitlich begrenzten Freundschaft schenkt, kann ein ganzes Leben prägen. Die Freundschaft gibt eine neue Inspiration, die man vorher nicht gekannt hatte. Sie wandelt das Innerste des Menschen um, vermenschlicht ihn und macht ihn kommunikationsfähig.

Wenn ein Mensch von der Angst um eine Freundschaft beherrscht wird, so kann ihn das zu maßlosen affektiven Ansprüchen treiben, die in keinem Verhältnis zur Wirklichkeit stehen. Die Folge ist dauernde Enttäuschung, die wiederum Hemmungen, Widerstände und sogar offenen Aufruhr nach sich zieht. Ein solcher Mensch liebt um seiner selbst willen, nicht unentgeltlich. Freundschaft kann man nicht erschleichen. Ohne läuternde Prüfung gibt es keine Freundschaft.

## TAGEBUCH

*Heute abend haben mich junge Menschen gefragt, worin eigentlich die Unentgeltlichkeit der Liebe besteht.*

*Sie besteht in einem Verhalten, bei dem der Mensch es ablehnt, den andern in Abhängigkeit zu halten.*

*Dieses Verhalten setzt einen Übergang voraus, ein Über-sich-selbst-Hinausgehen, wie man in heroischer Sprache sagen würde. Das Über-sich-selbst-Hinausgehen führt zu einer Gemeinschaft. Wo sie entsteht, bewirkt sie eine unvergleichliche Aufgeschlossenheit für das Leben.*

Und wenn die Freundschaft uns wieder mit Nichtglaubenden zusammenbringt, dann bedeutet das noch einen zusätzlichen Gewinn.

In unserer Zeit der Säkularisierung, in der der Mensch sich von unserem alten Christentum abkehrt, findet sich bei Menschen, die sich zum Atheismus bekennen, bei Männern wie bei Frauen, manchmal eine großmütige Bereitschaft zur Begegnung. Manche von ihnen sind von der Verurteilung zum Dialog übergegangen. Und der Dialog mit ihnen macht uns menschlicher.

TAGEBUCH

*Noch nie habe ich so viele Gespräche mit Nichtglaubenden geführt wie in den letzten Jahren. Erst gestern übersandte mir einer, ein Schriftsteller, den ich noch nicht persönlich kenne, sein neuestes Buch mit der Widmung: „In der Hoffnung, daß Sie dank Ihrer Aufgeschlossenheit auch einen Agnostiker annehmen können."*

*Vor einigen Tagen, als hier gerade ein Treffen nach dem andern stattfand, kam ein junges Paar aus unserer Gegend zu mir, Studierende, beide ungetauft,* und teilte mir mit, daß sie in Kürze heiraten würden. Sie erbäten nicht den Segen, das wäre nicht ehrlich, sagten sie. Das Mädchen stammt aus einer Familie, in der seit Generationen, möglicherweise seit der Französischen Revolution, niemand mehr getauft worden ist. Auch der junge Mann kommt aus einer nichtchristlichen Familie. Aber sie wünschten den festlichen Tag ihrer Hochzeit durch ein besonderes Ereignis auszuzeichnen. Warum nicht durch einen Gedankenaustausch, an dem beide Familien teilnehmen würden? Und so komme ich am Abend des Hochzeitstages mit diesen beiden alteingesessenen Familien in unserer Kirche zusammen.

Unser Gespräch ist gelöst und einfach. Der Dialog zwischen uns ist möglich geworden, seit ein Mann – Johannes XXIII. – die Türe aufgemacht hat. Das haben wir uns gesagt.

Die Glocken verstummen. Ich gehe an meinen Platz, und ich weiß, daß während des Abendgebetes diese Nichtchristen im Halbdunkel der Kirche stehen werden.

Wir sind uns noch wenig bewußt, daß wir in eine neue Ära, in das Atomzeitalter, eingetreten sind. Um das Überleben der Menschheit zu sichern, ist heute Einvernehmen unter allen Menschen unbedingt notwendig. Werden die Christen fähig sein, zur Gemeinschaft unter allen Menschen, zur Schaffung des Friedens etwas beizutragen?

In der gegenwärtigen Phase platzen ethnische Strukturen. Der bestehende Friede ist partiell und vollkommen relativ und keineswegs der Verständigung, sondern vielmehr dem Gleichgewicht der Angst zuzuschreiben. Die atomaren Waffen können die ganze Erde vernichten.

TAGEBUCH

*In einer Zeit, in der wir Zeugen eines Krieges sind, der kein Ende findet, haben uns bei einem nächtlichen Gottesdienst die Worte eines vorübergehend in Taizé weilenden Vietnamesen tief berührt:*

*Ich habe Angst vor meiner Angst,*
*Ich habe Angst, ich könnte von dir lassen, Herr.*

*Ich habe Angst vor meiner Angst,*
*Ich habe Angst, nicht bis zum Ende durchzuhalten.*
*Vergiß nicht, daß ich für dich lebe.*
*Gib mir die Gnade, dir mein ganzes Leben zu geben,*
*Und die Liebe, die mich eins macht mit dir.*

\*

Wenn wir den Frieden vorbereiten wollen, müssen wir uns dann nicht mit unsrer ganzen Aufmerksamkeit darum bemühen, Kriege zu vermeiden?

Den Frieden muß man vorbereiten, solange es noch Zeit ist, bevor das Schlimmste eintritt.

Es gibt Christen, die mit einer Hingabe ohnegleichen auf dieses Ziel hinarbeiten. Offenbar ist es schwierig für sie, bereits ausgebrochene Konflikte zum Stillstand zu bringen.

Wer am Fortschritt und an der Befreiung aller Völker und an der Schaffung besserer Lebensbedingungen für alle Menschen mitwirkt, trägt zur Beseitigung der Ungerechtigkeit bei und schafft gleichzeitig Voraussetzungen für den Frieden.

Viele Christen in reichen Ländern überlegen, wie sie in unsrer Zeit der Hungersnöte durch Anpassung ihres Lebensstils einen Beitrag zur Herstellung des Friedens leisten können. Großzügig geben sie von ihrem Besitz ab. Mit der Gewalt der Friedensstifter wollen sie Zeichen aufrichten, um das Gewissen der Christen und selbst das der Nichtchristen wachzurütteln.

Aber was vermögen wir? Ihre Gesten sind Zeichen, nicht mehr. Sie halten es für ihre Pflicht, der

Forderung nachzukommen, die schon vor fünfzehn Jahrhunderten an die Christen ergangen ist, als zum ersten Mal Formen des Kapitalismus auftauchten: „Weil einige versuchen, sich das anzueignen, was allen gehört, kommt es zu Streit und Krieg, als entrüste sich die Natur darüber, daß der Mensch mit dem kalten Wort ‚mein und dein‘ dort Trennungen schafft, wo Gott Einheit geschaffen hatte (…). Diese Güter gehören den Armen, und ihr seid nur ihre Verwalter, auch wenn ihr sie durch ehrliche Arbeit oder Erbschaft erworben habt."[19]

## TAGEBUCH

*Gespräch mit einem Mann der Wirtschaft. Er versichert, daß man dank der von der technischen Revolution verfügbar gemachten Mittel bald den Hunger aus der Welt schaffen wird.*

*Die großen Verantwortungen, die er trägt, haben seine Züge geprägt. Dieser Mann gibt uns starke Denkanstöße für die Überlegungen, die wir zusammen mit anderen anstellen, über die Frage, wie sich die armen Länder aus ihrer gegenwärtigen Lage befreien können.*

*Dann kommen wir auf das Thema der Wechselseitigkeit in den Beziehungen der Kontinente zu sprechen. Wenn sich die Ärmsten einmal ihres Menschseins mit allem, was das heißt, voll bewußt werden, dann wird die unerläßliche gegenseitige Ergänzung zwischen der südlichen und nördlichen Hemisphäre möglich werden.*

*Die Völker der südlichen Halbkugel zeichnen sich durch eine überraschende Leichtigkeit in der Auffassung aus. Sie erfassen die äußere Welt in unvergleichlicher Weise, indem sie auf emotionalem und intuitivem Weg in sie eindringen.*

*Der Mensch der gemäßigten und kühlen Zone dagegen analysiert, um zu erfassen.*

*Die schöpferischen und künstlerischen Fähigkeiten der Völker der südlichen Halbkugel verkörpern ein mächtiges Wirkungspotential. Sie können für die nördlichen Zivilisationen eine Hilfe in ihrer intellektuellen Abzehrung sein. Jede Absonderung von Süd und Nord führt zum langsamen Tod der Menschheit. Mit der gegenseitigen Ergänzung der Kulturen steht und fällt unser aller Zukunft. Der Austausch, der sich zwischen den intuitiven Gaben der einen und der analytischen Fähigkeit der andern vollziehen wird, besitzt schöpferische Kraft.*

*Werden die Menschen des Westens, denen es so schwer fällt, sich auf eine echte menschliche Gemeinschaft einzulassen, es verstehen, diese ihre Schwierigkeit dadurch zu kompensieren, daß sie sich der vielfältigen Spontaneität vornehmlich der Schwarzen aufschließen? Wird unser durch eine Überflußzivilisation verstärkter Individualismus durch den Kontakt mit den Nationen des Südens die Fähigkeit zum Miteinanderteilen entwickeln?*

\*

Auch die Vermischung der Rassen verdient als Hilfe zur Verhütung von Konflikten Beachtung im

Zusammenhang mit der Wegbereitung für den Frieden. Meine Brüder in Brasilien heben in einem Brief einen Aspekt der Rassenverschmelzung hervor:

*„Das Leben unter den Menschen, die neben den Indern zu den Ärmsten der Erde gehören, kennt auch Augenblicke der Fülle. Die Härte der Arbeitslosigkeit, die uns trifft, weil uns unsere europäischen Staatsangehörigkeiten und unser Bildungsniveau in den Fabriken verdächtig macht, wird durch die Gastfreundschaft aufgewogen. Eine Familie ist imstande, einem Ausländer das ganze in der Baracke vorhandene Essen zu geben, auch wenn sie selbst dann in den folgenden Tagen ohne alles bleibt.*

*Als Folge der Verschmelzung der Rassen gelangt die Kunst in Brasilien zur Fülle. Die ‚bossa nova‘ tendiert in Dichtung, Liedern und Literatur zur Universalität. Sie wird für den Westen einen ähnlichen Beitrag erbringen wie der afrikanische Jazz.“*

\*

Sollte ein Christ Angst haben, sich die Hände zu beschmutzen, wenn er am menschlichen Fortschritt und an der Herstellung des Friedens auf der Erde mitarbeitet? Das ist das Erschreckende am Pietismus, daß er jede Betätigung in den Wissenschaften, der Wirtschaft und der Politik untersagt. Die Erfüllung des Willens Gottes besteht nicht einfach darin, daß man sagt „Herr, Herr“, sondern darin, daß man entschlossen am Wohl aller mitarbeitet.

In den kommenden Jahren wird man den echten

Christen unter anderem an seiner Fähigkeit erkennen, eine neue Art zwischenmenschlicher Beziehungen zu entwickeln. Sein politischer Einsatz im weitesten Sinne des Wortes wird nicht im parteiischen Krieg bestehen, der den Horizont einengt und bei dem jeder Gefahr läuft, den Interessen eines Klans zu dienen, sondern im Aufbau einer menschlichen Gesellschaft.

Wir alle sind zu gemeinsamem Handeln aufgerufen. Das darf sich nicht nur auf eine begrenzte Umwelt, auf eine örtliche oder auch nationale Gemeinschaft beziehen. Wenn der Christ sich erneut die Bedürfnisse aller Menschen auf Erden bewußt macht, dann wird er sich mehr und mehr gedrängt fühlen, sein Wirken in den Dienst der gesamten Menschheit zu stellen. Darin besteht unsere Berufung zur Katholizität, zur Universalität.

Diesen Vorstoß mittragen bedeutet, sich auf vielfältige und gegensätzliche Interessen einlassen. Was macht man, um sich nicht auf die eine oder andere Weise einfangen zu lassen? Wie kann man es vermeiden, in einer bodenlosen Wirrnis vielfältiger Leidenschaften zu versinken? Wohin soll man den Fuß setzen, ohne Gefahr zu laufen, ihn nicht wieder zurückziehen zu können? Und doch, wie könnten wir unsere Mitwirkung verweigern?

Es hängt von den Christen selbst ab, ob die neue Gesellschaft mit ihnen oder ohne sie aufgebaut wird. In diesem Punkt aber besteht eine gewaltige Spannung! Manche möchten in ihrem Fanatismus eine ausschließliche Lösung erzwingen, während doch die verschiedenen Formen des Einsatzes einander ergänzen.

Die Heftigkeit der Auseinandersetzungen lähmt die Bereitschaft zur Großzügigkeit. Und jene, die zur Mitarbeit bereit waren, werden noch mehr entmutigt durch die Unduldsamkeit und den Geist gegenseitiger Verurteilung bei den Menschen, die von all dem betroffen sind, was sich vor unseren Augen abspielt. Es ist darum nicht unnütz, daran zu erinnern, daß gerade Menschen, die in ihrer Geschichte am meisten unter Intoleranz zu leiden hatten, bisweilen ihrerseits zu einer Unversöhnlichkeit fähig sind, die jener der Inquisition nahekommt.

Bei den neuen Spannungen wird man nur durch ein pluralistisches Vorgehen etwas erreichen können. Die einen werden berufen sein, eine verborgene Gegenwart mitten im Volk zu leben; bei andern wird es sich im Gegenteil um Leistungen von großer Tragweite handeln; für wieder andere wird die Aufgabe darin bestehen, allmählich einen Plan zur Beseitigung von Tyrannei reifen zu lassen. Das Zusammenwirken aller dieser Berufungen ist Voraussetzung für die Vorbereitung des Friedens unter allen Menschen.

TAGEBUCH

*Gespräch mit einem Bruder, der in eine Fraternität zurückkehrt. Was werden wir sein? Ein lebendiges Wort inmitten von Ungerechtigkeit und Rassentrennung; ein Gebet in Form eines Daseins, das der Vernunft absurd erscheint; ein Sprechen zu Gott durch* unser ganzes Verhalten unter denen, die am schlechtesten behandelt werden; eine Seite, auf der die Leiden verzeichnet werden, die für Seinen Leib – die Kirche – hinzugefügt werden [20].

Vor kurzem hat ein Ordensmann Einspruch gegen das Bestehen einer unserer Fraternitäten erhoben, weil unsere Brüder es ablehnten, den gleichen Weg zu gehen wie er. Der Schreiber ist ein Intellektueller, und er schreibt gut. Er möchte, daß auch wir unsere Meinung schriftlich kundtun. Es würde genügen, eine Unterschrift unter ein bestimmtes Dokument zu setzen, und wir wären engagierte Leute. Engagiert – aber wofür konkret...?

Wenn man täglich die Wunden eines Lebens ohne Glanz auf sich nimmt, das Dasein von Frauen und Männern teilt, die keine Hoffnung haben, dann ist das eine Form, sich verbindlich einzulassen, die mehr kostet als die Unterzeichnung von Eingaben oder die Abfassung von Texten, mögen sie noch so vortrefflich sein.

Ich weiß, daß gelegentlich Manifeste eine Schockwirkung ausgelöst und Menschen, die sich damit exponierten, dazu gebracht haben, sich zu engagieren. Aber, um nur den schwächsten Einwand gegen Manifeste vorzubringen – heute gibt es ihrer zu viele. Wie viele Menschen werden nicht gedrängt, Texte zu unterschreiben, Partei zu ergreifen für oder wider!

Ist ein Mensch, der zuhören kann, nicht viel konstruktiver? Diese Haltung hat uns nie daran gehindert, am Leben der Menschen teilzunehmen. Für diejenigen meiner Brüder, die als Arbeiter gelebt haben oder leben, für jene, die die Existenz der Ärmsten teilen, bedeutet eine solche Wahl eine Stellungnahme – eine Stellungnahme, die keine Manifeste braucht. Diese verpflichten manchmal in keiner Weise. Sie beruhigen das Gewissen – das ist alles.

Die Erarbeitung lobenswerter Beschlüsse am Ende eines Treffens kann zu Heuchelei führen. Man bestätigt schwarz auf weiß, man verurteilt, man mahnt an Pflichten, aber in unserem Leben ändert sich nichts. Dieser Vorgang wird geradezu eine Krankheit unseres Jahrhunderts.

Viele junge Menschen, und zwar Christen wie Nichtchristen, wollen die heutigen Strukturen durch konkretes Eingreifen umwandeln.

Die einen glauben, daß man das nur mit Gewalt erreichen kann.

Andere denken wohl an das Wort aus dem Evangelium: „Nur die Gewalttätigen bemächtigen sich des Reiches Gottes"[1]; die Lauen, die Schläfrigen, jene, die nicht dürsten, schließen sich selbst davon aus. Aber diese Christen denken auch an jenes andere Wort Christi: „Selig die Friedfertigen"[21].

Die Gewalt der Friedfertigen! Sollte der ganze Geist des Evangeliums, der Geist, der die Revolution auf die Erde tragen kann, in diesen scheinbaren Widerspruch eingefangen sein?

Es handelt sich nicht einfach um beliebige Gewalt. Jene Gewalt, die das Himmelreich an sich reißt, ist schöpferisch. Sie ist frei von Machtstreben.

Man kann im Namen Christi Kreuzzüge des Zorns unternehmen, anderen seine einseitigen Entscheidungen, einen Sektierergeist, irgendeinen Purismus aufzwingen. Im Laufe der Geschichte hat man sich im Namen Christi gegenseitig getötet. Einige haben allein durch ihre Schriften die menschliche Person in Mißkredit gebracht. Die Anwendung zerstörerischer Gewalt unter Christen bringt ganze weite Teile der Kirche zum Einsturz.

Kreuzigt man nicht den Leib Christi im Namen erhabener Beweggründe, wenn man die zerstörerische Gewalt unter Christen zum Ausbruch bringt? Bedeutet das nicht nur, daß man weit davon entfernt ist, das Reich Gottes an sich zu reißen, sondern geradezu, daß man sich dafür unfähig macht?

Seit 1966 haben uns große internationale Jugendtreffen in Taizé ahnen lassen, daß die Ungeduld dieser Jugend sich bald in einem Ausbruch entladen könnte, weil zu viele der Älteren alles mit Kälte zurückweisen, was aus dem Bewußtsein der jungen Menschen emporgestiegen ist.


TAGEBUCH

*(Februar 1968). Gespräch mit etwa 20 jungen West-Berlinern. Sie sind von Haus aus Protestanten, lassen aber ihre Skepsis hinsichtlich jeder beliebigen kirchlichen Institution durchblicken. Für sie zählt nur die Gewalt. Sie stehen unter dem Einfluß der Erinnerung daran, daß einer ihrer Kameraden bei einer Kundgebung von der Polizei getötet worden ist.*

*Sie fragen mich: Warum bedient sich ihre Gemeinschaft nicht der Presse, um die öffentliche Meinung zu beeinflussen? Sie sind in Deutschland bekannt und könnten viel erreichen. Warum sprechen Sie selber in Ihrer Eigenschaft als Prior nicht mehr?*

*Ich antworte:*

– *Alle Brüder ergänzen einander, das gilt für mich wie für sie.*

– *Aber Ihnen kommt es zu, zu sprechen. Sie wissen nicht, wie viele auf Sie hören würden.*

– *Was zählt, ist das Innere des Menschen. Das äußere Bild, das manche sich machen können, bedeutet mir wenig. Nun, mein innerer Mensch zieht ein gewisses Stillschweigen vor, er hält sehr wenig von Erklärungen.*

– *Sie müßten an den Präsidenten der Vereinigten Staaten schreiben.*

– *Das ist geschehen, und ich mache mir keine Illusionen über das Ergebnis meines Briefes. Übrigens haben schon viele interveniert, und der Krieg hat trotzdem nicht aufgehört.*

– *Dann hilft also nur Gewalt.*

– *Gewaltanwendung ist erst zulässig, nachdem alle Mittel passiven Widerstandes und der Überredung eingesetzt worden sind. Von diesem äußersten Mittel darf man nur Gebrauch machen in einem Geist, der frei ist von jedem persönlichen Interesse. Und man muß sich auch klar darüber sein: „Wer zum Schwert greift, wird durch das Schwert umkommen."* [22].

*Ich lege ihnen nahe, noch am selben Abend einen Abschnitt aus einem kürzlich erschienenen sehr aufschlußreichen Text über den „Fortschritt der Völker" zu lesen. Ich mache sie darauf aufmerksam, daß in diesem Text zum erstenmal ein Papst in einem schriftlichen Text, nach ausdrücklicher Warnung vor*

113

der Versuchung der Gewalt, Verständnis dafür zeigt, daß es „in Fällen offenkundiger und anhaltender Tyrannei, welche die Grundrechte der menschlichen Person schwer beeinträchtigt und das Gemeinwohl des Landes in bedrohlicher Weise schädigt"[23] in Ausnahmesituationen zu Gewaltanwendung kommen kann.

Warum sind diese jungen Menschen gekommen, mir Fragen zu stellen? Das ökumenische Anliegen bedeutet ihnen nichts. Es ist ihnen unwichtig, ob sie Protestanten oder Katholiken sind. Sie wissen nicht, wo sie mit ihrem Glauben stehen. Um so mehr überrascht es uns, daß sie bei unserer täglichen Eucharistiefeier die Kommunion empfangen.

Nachdem ich in die Stille meines Zimmers zurückgekehrt bin, wird mir klar, daß ich sie nicht fortgehen lassen kann, ohne ihnen noch einmal zuzuhören. Es gibt ein Prophetentum der Gewalt, und ich kann mir nicht die Ohren verstopfen. Ich denke daran, daß Jesus im Sterben einem Gewalttäter das ewige Leben versprochen hat.

Am letzten Tag lade ich sie zum Frühstück in unser Haus ein. Mir fällt der stählerne Blick eines Mädchens auf, das von einer kalten Leidenschaft beherrscht wird. Sie hat die Macht, eine Art Übereinstimmung über die Notwendigkeit der Gewaltanwendung herbeizuführen. Wäre ein Psychologe dabei, er würde von Gruppenpsychose sprechen. Freilich waren auch manche Propheten in Israel bisweilen weit von einem psychischen Gleichgewicht entfernt! Zum Glück haben diese Jugendlichen, die gleich mir hochbrisante Argumente mitten ins Gesicht geschleudert bekamen, es verstanden, ihre Fragen mit wirklicher Aufrichtigkeit neu zu überdenken.

Der Krieg in Vietnam ist ihnen unerträglich. Sie wollen handeln. Ich antworte ihnen: Ich meinerseits möchte, daß einer meiner Brüder nach Vietnam geht zusammen mit einem derzeit in Taizé weilenden jungen Amerikaner, den der Krieg innerlich völlig fertig gemacht hat. Und Sie, was können Sie tun?

Das Mädchen, das in der Gruppe eine starke Stellung hat, kommt auf Lateinamerika zu sprechen. Dorthin muß die Revolution getragen werden, um die Armen zu befreien. Es müssen weitere Vietnams geschaffen werden sowohl im christlichen wie im außerchristlichen Raum.

Ich antworte, es sei vielleicht noch möglich, Lösungen zu finden, ohne blutige Revolutionen zu entfesseln. Frauen und Kinder sind bestimmt nicht einverstanden, ihnen zum Opfer zu fallen.

Für Sie ist das Engagement das Wichtigste. Also bringen Sie möglichst schnell Ihr Studium zu Ende. Ein Mindestmaß an Ausbildung ist unerläßliche Voraussetzung für jedes Engagement.

Wenn Sie einmal im Einsatz stehen, werden sich vielleicht tatsächlich einige von Ihnen im Gewissen gerufen fühlen, den Weg des Aufstandes gegen offenkundige und anhaltende Gewaltherrschaft, die die menschliche Person unterdrückt und das Leben mißachtet, zu beschreiten. Auch dann noch wird es wichtig sein, sich bis auf den Grund zu prüfen. Die

Versuchung der Gewalt wohnt in uns allen unser ganzes Leben lang. Wenn sie uns zur Überzeugung führt, daß man zerstören muß, um aufbauen zu können, dann ist eine ernste Selbsterforschung dringend geboten.

Wenn Sie sich für Gewalt und Zerstörung entscheiden, handeln Sie vielleicht als Fanatiker einer Idee? Nährt vielleicht der eine oder andere insgeheim die Hoffnung, sich als politischer Führer durchzusetzen? Die Argumente können lobenswert sein, der wirkliche Beweggrund wäre es nicht. Wenn Eigeninteressen damit verbunden sind, ist der Einsatz nicht uneigennützig.

Mit der zerstörerischen Gewalt ist immer die Gefahr weiterer Eskalation verbunden. Die freiheitlich Gesinnten werden von der zweiten oder dritten Welle beseitigt, weil sie die Zerstörung als Selbstzweck ablehnen.

Wahr ist, daß in Lateinamerika das Verhalten einzelner, die sich Christen nennen, für andere Christen eine schwere Belastung darstellt: Mißachtung der Armen, Machtausübung, d. h. verschleierte Gewalttätigkeit – welch ein Bild von Kirche! Presse und Fernsehen verfehlen nicht, dieses Schauspiel zu verbreiten.

Machtstreben durch Geld stellt eine der Formen der Gewaltherrschaft dar. Doch läßt sich diese auch ohne Geld ausüben. Auch dort, wo der Kapitalismus geschlagen oder verschwunden ist, gibt es Polizeistaaten. Und mit was für Mitteln der Unterdrückung arbeiten sie!

*Die Gewaltherrschaft kann sich von den humanitärsten Theorien nähren und gleichzeitig unter dem Deckmantel erhabener Ideen die schlimmste Knechtung des Menschen betreiben.*

*

*Gestern die West-Berliner. Und heute finde ich mich schon wieder mit denselben Fragestellungen konfrontiert, obgleich wir abgelegen auf dem Lande leben und mitten im Winter sind. Junge Menschen aus einem andern Land stellen mir die gleichen Fragen. Vom ersten Augenblick an spüre ich bei ihnen eine Bitterkeit, die bei den Berlinern nicht vorhanden war.*

*Ihre Fragen lassen sich zusammenfassen wie folgt: Weshalb sind Sie gegen die Zerstörung der kirchlichen Institutionen? Sie müßten sich dafür einsetzen, daß reiner Tisch gemacht wird. Ohne Gewalt erreichen wir nichts bei der Hierarchie. Wenn Ihre Gemeinschaft die Dinge nicht so sieht, wäre es uns lieber, sie hätte nie existiert.*

*Ich versuche zu verstehen. Ich entsinne mich, ihnen im anschließenden Gespräch unter anderem gesagt zu haben: Sind Sie sich klar über Ihre Beweggründe? Bringen Sie es fertig, sich selbst in Frage zu stellen? Fragen sie sich, ob Sie jene Geduld aufbringen – und Geduld heißt leiden – die für jede schöpferische Leistung, für jede neue Hervorbringung unerläßlich ist?*

Die Gewalt der Friedfertigen! Sie ist schöpferisch. Sie verwandelt den Menschen. Sie stellt eine Herausforderung dar und zwingt dadurch zur Stellungnahme. Sie besitzt die Kraft, sich mitzuteilen. Man erkennt sie an bestimmten Zeichen.

Vor allem ist sie wie die lebendige Gewissensverweigerung gegen ein träge gewordenes Christentum, das sich mit Haß oder Ungerechtigkeit abfindet.

Welch eine Herausforderung verkörpert ein Christ, der inmitten der Welt der Ungerechtigkeit, der Rassenkämpfe, des Hungers zu einer lebendigen Hoffnung wird! Entleert von allem Haß wirkt seine Gegenwart aufbauend, schöpferisch. Es handelt sich um eine Herausforderung brennender Liebe, um eine Gewalt, die bewohnt ist. Ein Mensch, der diesen Brand in sich trägt, entzündet ein Feuer auf der Erde.

TAGEBUCH

*Wir in Taizé sind mit Gewalt gegen ein christliches Bewußtsein angegangen, das sich in den konfessionellen Spaltungen verhärtet und sich mit dem Zustand der Trennung abgefunden hat.*

*Unsere Gewaltsamkeit, auch wenn sie verhalten war, suchte nach einer Sprache, um unsere Empörung herauszuschreien.*

*Im gemeinsamen Gebet, im Psalmensingen fand sie ein unvergleichliches Mittel für Ausdruck und Bestätigung.*

Ein anderes Zeichen der Gewalt der Friedfertigen besteht darin, daß man ein ganzes Leben in ver-
trauter Gemeinschaft mit einem anderen Leben
– dem des auferstandenen Christus – ausharrt.
Findet er uns treu bis in den Tod, so bietet er
unserer Beharrlichkeit eine innige Freundschaft
an, die den Menschen erfüllt und ihm Leben
mitteilt.

Dann ist es uns gegeben, jenseits dieser Welt der
Dinge und Ereignisse, jenseits unserer flüchtigen
Hoffnungen etwas viel Innigeres und Tieferes wahr-
zunehmen. Dort erwartet er uns. Dort werden wir
ihm begegnen, wenn wir in seiner Gegenwart aushal-
ten. Dort erwartet er uns.


## TAGEBUCH

*Ein fast dreistündiges Gespräch mit einem revolutio-
nären Studenten. Ihm schwebt eine gerechte Gesellschaft vor, die von selbst aus dem Menschen hervor-
geht. Er schreibt der Utopie den vollen Wert einer
schöpferischen Kraft zu.*

*Gleichzeitig aber scheut er sich nicht festzustellen,
der Mord an Martin Luther King sei eine gute Tat
gewesen. Diese Tat hat Kräfte freigelegt. Seiner
Meinung nach war King ein Hindernis für die Befreiung der Menschen, weil er die Kräfte der Gewalttätigkeit eindämmte und ihre Explosion ver-
hütete. Ohne ihn kann der Sommer heiß und Zerstörung möglich werden, und das wird in Europa
zählen.*

*Ich höre ihm zu. Etwas in mir blutet bei seinen Worten. Gleichzeitig prüfe ich mich. Ich frage mich, wo bei mir Inkonsequenzen und Sektierertum liegen, wenn ich sehen muß, wie mein Gesprächspartner beides in so krasser Weise an den Tag legt, ohne es zu wissen.*

Eine Hoffnung weht durch das Volk Gottes. Unumstößliche Ereignisse bezeugen das. Ihre Verschiedenartigkeit verwirrt bisweilen. Sie macht es schwer, das Morgen der Christen abzusehen. Aber das Leben bricht sich Bahn, und keineswegs nur irgendein Leben.

Nein, das Prophetentum ist nicht tot.

Die seit Jahrhunderten getrennten Christen können nicht mehr einfach aneinander vorbeisehen. Neue Generationen von Christen ertragen die Spaltung nicht mehr, weil sie den Nichtglaubenden begegnen möchten.

Für diese jungen Menschen ist Gott nicht tot. Was sie heftig ablehnen, das sind illusorische Dialoge oder Klischees, die manche Vertreter der älteren Generation von sich geben. Sobald aber die Älteren es verstehen, sich in neuen Begriffen auszudrücken, werden sie heute von den Jugendlichen besser verstanden denn je zuvor. Wer wird den Mythos von der endgültigen Ablehnung der Älteren zerstören? Viele junge Menschen möchten sich auf die Erfahrungen eines ganzen Lebens stützen können; Alter spielt dann keine Rolle mehr. Sie sind bereit einzusehen, daß nichts dabei herauskommt, wenn sie sich allein ans Werk machen.

Für sie ist Freundschaft nicht ein leeres Wort. Sie verstehen darunter ein Miteinander-Teilen. Dort geht das Volk Gottes von morgen hervor. Viele kleine Zellen bilden sich, in denen der Sinn für gemeinsames Schaffen eine bisher ungekannte Intensität erhält.

Diese kleinen Zellen wollen keine neuen Institutionen aufrichten. Sie setzen sich von vornherein nur eine begrenzte Lebensdauer. Sie sind imstande, sich selber ein Leck beizubringen, um das Provisorische ihrer Lage zu gewährleisten. Viele von ihnen beschäftigt auch durchaus die Frage, die sich im Zusammenhang mit ihrer Existenz ergibt: Wie kann man in kleinen Zellen leben, ohne dadurch das Volk Gottes zu atomisieren und den Sinn für seine Katholizität zu verlieren?

In solchen provisorischen Neuanfängen zeichnet sich schon etwas von den Konturen des Volkes Gottes von morgen ab.


TAGEBUCH

*Als ich unsere Betonkirche entstehen sah, begann für mich eine schwierige Zeit. Und jetzt nach Jahren kann ich mich immer noch nicht mit ihr befreunden; ich wünschte, sie wäre fast in die Erde versenkt, möglichst wenig sichtbar für die Augen der Menschen.*

*Bisher haben wir uns alle beim Bauen an eine gewisse Norm des Nicht-Vorläufigen gehalten. Aber angesichts der Beweglichkeit unserer Zeit drängt sich der Gedanke an eine Kirche auf, die gleichsam nur mit einem Zelt lebt.*

*Im Innern unserer Kirche haben wir in diesem Winter alles beseitigt, was aus hartem Material gemacht war. Selbst der Beton hat uns nicht gehindert, anpassungsfähigere und beweglichere Raumaufteilungen zu finden. Bleibt noch die Frage der Außenansicht. Was läßt sich machen? Kann man die Kirche durch Bäume verdecken?*

*Diese ganze Angelegenheit hat uns vieles gelehrt. Beton macht starr und ruft den Eindruck von Stärke hervor.*

Muß es den Christen heute nicht in erster Linie darum gehen, Brüderlichkeit zu verwirklichen?

Schon in der Urkirche brach sie sich Bahn: Sie verharrten einmütig, sie nahmen einander auf, sie aßen zusammen, und der Geist der Freude und des Festes griff unwiderstehlich auf alle über. Arbeit und Mühen waren ihnen gemeinsam. Keiner wollte dem andern gleiche Formen aufzwingen. Ihre Einmütigkeit vertrug sich mit Pluralismus[24].

Sie waren nicht eine beliebige Gemeinschaft, sondern eine Begegnung von Menschen, in der er, der Auferstandene, gegenwärtig war.

*Eine Gruppe von etwa vierzig Jugendlichen stellt mir Fragen. Die frische, aber schüchterne, kaum hörbare Stimme eines Mädchens fragt mich: Wie sollen wir mit unseren spärlichen Kenntnissen eine derart komplexe Welt durchdringen wie unsere heutige?*

*Meine Antwort: Jeder Frau, jedem Mann ist – ganz unabhängig vom Ausmaß ihrer Kenntnisse – ein lebendiges Wort gewährt, manchmal nur ein einziges Wort. Wenn man dieses Wort ins Leben umsetzt, wird man fähig, die verschiedenen gegenwärtigen Strömungen von innen her zu erfassen.*

*Dieses Wort bringt uns allen Menschen nahe; es läßt uns hinhorchen auf die Völker Chinas, Kubas, der sozialistischen Länder Europas, der Vereinigten Staaten, um Wegkreuzungen vorzubereiten, an denen eines Tages jene einander begegnen werden, die heute einander ferne stehen.*

*Zurück in meinem Zimmer setze ich in meinem Innern das Gespräch fort.*

*Der Mensch ist für die Hoffnung geschaffen. Für ihn werden alle Dinge neu.*

*Eines Tages leuchtet mitten in unseren Finsternissen ein lebendiges Wort auf. Es öffnet uns unwiderstehlich für den Mitmenschen.*

*Christus will uns nicht mit Zwang zu sich führen.*

*Das Evangelium ist kein Schraubstock, in den man das Gewissen des anderen und sein eigenes einzwän-*

gen müßte wie in ein System. Das Evangelium ist Gemeinschaft.

In Christus hat sich Gott arm gemacht und verborgen. Ein Bild der Größe kann nicht das Zeichen Gottes sein. Gott verlangt von uns nicht Wunder, die über unsere Kraft gehen. Er will ganz einfach, daß wir begreifen, wie wir unsere Brüder – die Menschen – lieben können.

In diesen Jahren spürt man, daß etwas Neues im Entstehen ist: Volk Gottes unterwegs zur Gemeinschaft.

Das Prophetentum ist nicht tot. Über dem Horizont unseres gewalttätigen Heute steigt eine junge Hoffnung auf.

# Anmerkungen

[1] Mt 11,12.
[2] Offb 3,16.
[3] Eph 4,9.
[4] 1 Petr 3,19–20.
[5] Eph 3,18.
[6] Lk 17,10.
[7] 1 Kor 3,9.
[8] Mk 9,24.
[9] 1 Kor 7,20.
[10] Offb 2,10.
[11] Siehe Jes 55,10 u. 11.
[12] Marc Oraison.
[13] Ambrosius: Kommentar zum Lukasevangelium.
[14] Johannes XXIII. in einer Ansprache an die Pfarrer von Rom, 29. Januar 1959.
[15] Mt 18,20.
[16] Mt 26,26–29.
[17] 2 Thess 1,3.
[18] Mt 8,8.
[19] Johannes Chrysostomus.
[20] Kol 1,24.
[21] Mt 5,9
[22] Mt 26,52.
[23] Paul VI., Enzyklika „Populorum Progressio".
[24] Siehe Apg 2,42–47 u. Apg 4,32–35.

# Texte und Informationen

## Brief aus Taizé

Erscheint monatlich in acht Sprachen und bringt neben Gebeten und Meditationstexten, Nachrichten und Gedanken von der Suche Jugendlicher auf allen Kontinenten (Abonnement: 20,– DM).

## Jugendtreffen in Taizé

Die Treffen beginnen jeweils montags und enden am Sonntag. Für jüngere Jugendliche (15–17 Jahre) gibt es besondere Treffen. Vorherige Anmeldung ist notwendig. Die Lebensbedingungen sind sehr einfach.

## Für weitere Informationen

Jugendtreffen F-71250 Taizé-Communauté
Tel.: 85 / 50 14 14

# Taizé
# und das Konzil der Jugend

Vom ersten zum zweiten Brief an das Volk Gottes

Band 543, 128 Seiten, 4. Auflage

Französische Journalisten und junge Menschen aus verschiedenen Kontinenten schrieben zusammen dieses Buch.

Sie schrieben es für die 40000 Jugendlichen, die an der Eröffnung des Konzils der Jugend Ende August 1974 in Taizé teilnehmen konnten.

Sie schrieben es auch für die vielen, die seither auf den anderen Kontinenten das Konzil der Jugend leben und dort zu den verschiedenen Konzilsfeiern zusammenkamen. Mit der Eröffnung des Konzils der Jugend hat ein Abenteuer begonnen, zu dem jeder an seinem Platz eingeladen ist, alles aufs Spiel zu setzen für den Menschen und für Gott.

Sie schrieben es schließlich auch für jene Jugendlichen und Erwachsenen, Glaubenden und Nichtglaubenden, die vielleicht irgendwann einmal von diesem Ereignis gehört haben und sich nun Fragen stellen: Fragen nach der Idee zu diesem Konzil der Jugend, nach seiner Vorbereitung, nach seiner Eröffnung und seiner Wirkung in die Zukunft, nach dem Sinn der beiden „Briefe an das Volk Gottes".

Sie schrieben ein Buch, das auf vielfältige Weise jedem etwas geben kann, der in Gemeinschaft mit anderen und in Bescheidenheit etwas zu entziffern sucht, das größer ist als wir und das uns aufruft, Leben zu gestalten.

Mitarbeiter an diesem Buch:
Hubert Beuve-Méry, Gründer von „Le Monde"
Claude Maréchal, Chefredakteur von „Vivante Eglise"
Jean-Claude Petit, Journalist bei „La Vie"
Eine Gruppe Jugendlicher aus mehreren Kontinenten

# in der Herderbücherei